Dana Fischer

Licht und Dunkelheit

Doch nichts ist nur schwarzweiß

AF284947

Dana Fischer

LICHT UND DUNKELHEIT

Doch nichts ist nur schwarzweiß

Impressum

Bibliografische Information der Deutschen
Nationalbibliothek:
Die Deutsche Nationalbibliothek verzeichnet diese
Publikation in der Deutschen Nationalbibliografie;
detaillierte bibliografische Daten sind im Internet über
http://dnb.dnb.de abrufbar.

© 2021 Dana Fischer
Herstellung und Verlag:
BoD – Books on Demand, Norderstedt
ISBN: 978-3-754372135

Inhaltsverzeichnis

Vorwort

Wenn ein junges Mädchen träumt

Ich war ein Teenager, eigentlich noch ein Kind, und ich wollte reden. Meine Eltern waren Alkoholiker und ich hatte drei jüngere Geschwister. Es war schwer, den Mantel der Verantwortung in diesem Alter zu tragen. Viele Menschen wussten, welche Hölle wir Kinder erlebten, aber es reagierte und half niemand. Ich wollte gehört werden, als um uns herum alle Ohren taub und alle Augen scheinbar blind wurden. Also begann ich mein Tagebuch zu schreiben. Das Papier hielt meine Hilflosigkeit, meine Ängste, meine Traurigkeit, aber auch meine Sehnsüchte und Wünsche aus. Ich lachte draußen und verzweifelte beim Schreiben an meinem Schreibtisch. Aus einem Tagebuch wurden viele.

Irgendwann begann ich ausgedachte lustige Geschichten zu verfassen. Von Freunden oder Familie wurden sie gerne gelesen. Aber kaum jemand wusste, dass ich auch Gedichte schrieb. Diese Gedichte spiegelten in anderer Form wider, was ich zuvor ins Tagebuch geschrieben hatte. Sie enthielten viel Traurigkeit und Unverständnis, aber auch all die Liebe und Freude an vielem, was ich außerhalb meines Zuhauses wahrnahm und fühlte. Ich zeigte sie kaum jemandem. Denn, wie es in mir aussah, interessierte ja die Blinden und Tauben ohnehin nicht. Aber ich träumte einen Traum. Den Traum, irgendwann in meinem Leben mich selbst in einem Buch zu verwirklichen. Mich eines Tages auf Seiten aus Papier in dieser Welt zurückzulassen.

Dann erwischte mich das Leben. Heirat, Kinder, die Wende, Trennung und Neuorientierung. Ich musste funktionieren und hatte keine Zeit, mich und meine Gedanken auf Papier auszudrücken. Ich hatte keine Zeit mehr für meinen Traum. Aber all das, was ich auch in dieser Zeit niemandem sagen konnte, nahm mir den Atem und manches Mal schien ich daran fast zu ersticken. So viel Gefühl, so viele Fragen und so viel Kopfschütteln für das, was ich um mich herum beobachtete und am eigenen Leib erfuhr, musste raus. Im größten Schmerz und der tiefsten Trauer begann ich wieder zu schreiben. Nur für mich, für das Befreien meiner Seele.

Und dann traf ich zum richtigen Zeitpunkt auf jemanden, der sagte, ich solle damit in die Welt gehen. Ich wehrte mich, weil ich es gewohnt war, dass Menschen nur ausgedachte Fantasien lesen wollen, schöne Geschichten eben. Was ich zu sagen hatte, war aber nicht immer schön. Wer sollte schon mein Leben und die daraus resultierenden Gedankenkonstrukte lesen wollen? Wer hatte denn bisher verstanden, was in mir vorging? Dieser Jemand ließ nicht locker und behauptete, es gäbe dort draußen viele, die so denken und fühlen wie ich, die sich in meinen Worten wiedererkennen und sie verstehen könnten. Ich bezweifelte das sehr lange.

Da dieser Mensch, der mir begegnete, mich aber vehement schubste und penetrant nervte, betrat ich mit meiner Schreiberei, und damit meinem Leben, irgendwann die große virtuelle Welt. Seit Ende 2017 streue ich meine Texte in Social Medien. Einige tausend Menschen folgen mir dort bisher und lesen, was ich zu sagen habe. Sie verschließen nicht Augen und Ohren. In ihnen schlagen offene Herzen, die verstehen, wie ich denke, fühle, wahrnehme und lebe, weil es ihnen genauso oder ähnlich geht. Ich bekomme so unglaublich liebevolles Feedback und lernte dadurch bereits großartige Menschen kennen.

Nein, ich schreibe nicht, um irgendjemandem zu gefallen oder nach dem Mund zu reden. Wenn ich schreibe, bin ich ehrlich zu mir und zu jenen, die meine Worte lesen. Die Reaktionen auf meine Texte zeigen mir, dass ich nicht allein bin und sehr viele Ungehörte dort draußen sind, die sich in meinen Worten wiedererkennen. Ich schreibe jetzt nicht mehr nur für mich, sondern auch für sie. Wie wunderbar sich das anfühlt, kann selbst ich nicht in Worte fassen.

Dieser Mensch, der mich ziemlich grob hierher stieß, aber auch meine Leser haben mich angetrieben, all das, was irgendwo im World Wide Web von mir zu lesen war, in ein Buch zu packen, es endlich zu bündeln. Das habe ich getan und so erschien 2020 mein erstes Buch. Heute halte ich nun bereits das zweite in der Hand. Unglaublich!

Böse Zungen behaupten, dass niemand Geld für meine Texte - für mein Buch - ausgeben wird. Diese Menschen unterliegen wahrscheinlich auch dem Irrtum, dass so ein geschriebenes Buch reich macht. Das tut es nun wahrlich nicht.

Allerdings betrachte ich jeden einzelnen Leser meiner Bücher als Wertschätzung meiner Zeit, meiner Arbeit und meiner ganz individuellen Persönlichkeit. Und wenn es hilft, dass sich dieser in einigen meiner Zeilen erkennt oder ein wenig verstanden fühlt, dann ist das eine wunderbare Bereicherung für beide Seiten; vor allem aber für das junge Mädchen von damals, das jetzt endlich gesehen und gehört wird und das doch mal einen großen Traum hatte.

Wer bin ich?

Du hältst meine Hand so fest und redest dabei von Liebe! Du stellst mir aber auch viel zu viele Fragen, willst wissen, wer ich bin.

Sorry, ich kann dir diese Frage nicht beantworten. Ich habe einen Namen und du kannst mich anfassen, aber WER ich bin, weiß ich selbst nicht. Du wirst in mir ohnehin nur die sehen, die du sehen willst. Alles was ich dir vielleicht sagen kann ist, WIE ich bin.

Ich bin die, die ständig am Plappern ist und lachen will. Am meisten über mich, weil ich mich selbst nicht so ernst und wichtig nehme. Aber wenn du mit mir auf das Wasser schaust oder wenn du mich ganz fest hältst, so dass ich deinen Herzschlag in meinem Körper spüren kann, immer dann, wenn du mich dort berührst, wo Hände nicht hingelangen, brauche auch ich keine Worte mehr und kann einfach still sein.

Ich werde mit dir am Abend nicht vor dem Fernseher sitzen und den Irrsinn dieser Welt verfolgen, denn ich schaue seit vielen Jahren nicht mehr in dieses manipulative Gerät, welches versucht, uns von unserer eigenen kleinen Welt, von uns selbst, abzulenken. Stattdessen werde ich mit dir nach draußen gehen, den Wind im Gesicht spüren, den Vögeln lauschen oder auf einer Wiese sitzen. Ich möchte endlose Gespräche über dieses Leben mit dir führen und dich dabei erkennen und sehen.

Ich bin die, die in jeden See, in jedes Meer, in jeden kleinen Bach, egal zu welcher Jahreszeit, mit den Beinen hineinsteigen muss. Die barfuß laufen will, so oft es möglich ist. Es ist wie eine Sucht, denn ich will die Kraft des Wassers, der Natur, des Lebens, auf meiner Haut fühlen.

Ich bin die, die sich nicht der Illusion hingibt, diesen Planeten zu einem besseren Ort machen zu können. Aber ich glaube, wenn ich den Menschen in meinem Umfeld mit Empathie, Respekt und Liebe begegne, werden diese es auch weiterleben und weitergeben. Nur so kann und wird sich die Welt ein klein wenig verändern.

Ich bin die, die Träume hat, welche du mir nicht erfüllen musst. Aber wenn du sie mit mir gemeinsam träumst und sie dadurch irgendwann wahr werden, wäre es dein schönstes Geschenk an mich.

Ich bin die, die dir deine Worte glauben wird. Alle! Denn würde ich zweifeln, könnte das, was ich für dich fühle nicht frei fließen. Der Zweifel würde ja alles in Frage stellen und Barrieren bauen.

Ich bin die, die sich dir nicht in den Weg stellt, denn du sollst diesen frei und ungehindert gehen können.

Ich möchte dir nicht sagen müssen, was du zu tun hast. Ich bin gerne an deiner Seite, aber du musst stark genug sein, dieses Leben eigenständig zu leben. Meine Aufgabe ist es lediglich, auf Augenhöhe mit dir zu bleiben und deine Entscheidungen mitzutragen. Denn ich werde dir vertrauen, so wie du auch mir vertrauen kannst.

Ich bin die, die keinem Streit aus dem Weg geht. Aber dann will ich Kommunikation. Denn nur im kommunikativen, respektvollen Streit kann ich dich verstehen und immer wieder neu kennenlernen.

Habe ich mich für dich entschieden, dann mit voller Wucht und aller Konsequenz. Meine Liebe wird dich ehrlich, loyal sowie ohne Wenn und Aber treffen. Für dich bedeutet es aber, du musst diese Liebe, du musst mich, aushalten können.

Und doch werde ich nicht nur dich lieben, sondern auch mich und mein Leben. Du wirst mich nie allein besitzen können. Versuche nicht, das zu ändern. Ich will mich nicht verändern müssen, auch für dich nicht. Dieses großartige Leben möchte zu jeder Zeit von mir frei, planlos, ungezwungen, spontan und manchmal ein kleines bisschen verrückt gelebt werden.

Und nun? Kannst du all das mit- und ertragen? Bist du dir immer noch sicher, dass du bei mir bleiben willst?

Wenn ja, dann halte meine Hand weiter ganz fest und wir rocken gemeinsam dieses Leben.

Aber wenn du nur Abwechslung sucht und ein kurzes Spiel mit mir spielen willst, bei dem du das Spielzeug wieder in die Ecke werfen kannst, wenn es dir zu langweilig wird, dann benutze nicht das Wort Liebe und lass bitte meine Hand los. Jetzt! Bevor ich dir alles glaube, bevor ich dir vertraue, bevor ich dich zu sehr liebe, dich in mein Herz und meine Seele eintreten lasse. Bevor du mir irgendwann weh tust.

Denn ich bin auch die, die nach jedem solcher Spiele immer wieder ein Stück mehr zerbricht.

Starre

Die letzten Worte taten weh. Sie bohrten sich wie ein glühendes Schwert durch meinen Körper. Sie brannten so furchtbar, dass es kaum auszuhalten war. Und plötzlich war sie da, die Starre.

Alles scheint gerade still zu stehen.

Ich sitze in diesem Leben, ohne es wahrzunehmen. Vergesse zu essen, zu trinken; stattdessen viele Zigaretten, viele Tränen, Schweigen. Keine Fragen, keine Antworten, kein Verstehen. Leere!

Heute früh steh ich lange vor dem Spiegel und starre ebenso in diesen. Und dann spricht lautlos mein Gegenüber:

„Wo bist du eigentlich? Schau dich an! Wie siehst du aus? Du isst nicht mehr, du lachst nicht mehr, dein Herz schlägt nicht mehr im Takt. Wo ist dein Leuchten?

Was ändert deine Starre an dem was ist? Gar nichts! Was war, das war so. Was ist, ist gerade so. Und was kommen mag, hat dich doch ohnehin noch nie interessiert.

Also zieh dein Kleid und die Glitzerschuhe an. Geh da raus und lebe das Leben, lebe den Sommer! Laufe barfuß durchs Gras, wate durchs Wasser, lache mit der Sonne und tanze im Regen. Lass deine Augen wieder strahlen. Sei planlos, frech, lebensfroh, spontan und fröhlich.

Und am Ende eines Tages darfst du weinen. Du darfst traurig sein, wenn du zärtlich deine Schmetterlinge im Bauch hältst. Du darfst dich erinnern, du darfst hoffen, du darfst weiter lieben und dankbar sein, denn das kann niemand abstellen. Es bleibt. Du darfst all das weiter fühlen.

Aber zieh das glühende Schwert aus deinem Körper, damit es nicht mehr so weh tut. Denn es waren nur Worte. Bitte keine Schuldzuweisungen, keine Verurteilungen, kein Verstehen-Wollen. Niemand hat Schuld. Niemand ist zu verurteilen. Und warum muss man immer verstehen? Lass alles so sein, wie es ist. Sei auch du, wie du bist.

Nun agiere, bewege dich wieder und löse sie auf, diese Starre. Denn sie ändert nichts. Gar nichts!"

Wenn Worte nicht reichen

Wie oft finden wir uns in Situationen wieder, in denen die Worte fehlen, Momente, in denen wir so stark fühlen, dass es mit Sprache nicht mehr auszudrücken geht? Wie zeigen wir dann unserem Gegenüber, was in uns vorgeht?

Ich habe für diese Augenblicke nur die Umarmung, mehr nicht. Einen anderen Menschen still in den Arm zu nehmen, ist eigentlich wenig und sagt doch so vieles. Es sagt alles.

Auch wir selbst brauchen doch diese Momente, in denen niemand spricht und trotzdem so viel gibt. Dabei ist es egal wie oft uns da draußen jemand weismachen will, dass wir niemand anderen benötigen, wenn wir uns selber nur genügend lieben würden. Ich empfinde dieses ständige Gequake über Selbstliebe manchmal schon fast als Trennung von Menschen untereinander, als Aufruf zur Vereinsamung. Ja, ich mag mich selbst wirklich sehr gerne und trotzdem brauche auch ich diese warmen Umarmungen, die kurzen oder längeren Momente des stillen Haltens.

Eine Umarmung gibt jedem das Gefühl, verstanden, geliebt und geschätzt zu werden. Wir können mit einer Umarmung sagen, dass uns jemand wichtig ist, dass wir für ihn da sind. Wir können einen anderen halten, wenn er in diesem Leben zu fallen droht. Wir können ihm sagen, dass er nicht allein ist.

Manchmal stoßen wir auf Menschen, die mit dieser Art des Sprechens nicht vertraut sind. Sie gehen auf Distanz und uns scheint es, als wollten sie unsere Nähe und Wärme nicht. Aber glaube mir, gerade diese Menschen brauchen es am meisten. Eine ehrliche Umarmung kann die kalte Mauer des Nichtzulassens einreißen. Mit Sicherheit vermag sie es, diese Mauer zum Fallen bringen.

Dann braucht es nichts weiter. Keine klischeehaften Liebesschwüre, keine verzweifelt gesuchten Worte des Mitgefühls oder Erklärungen für überwältigende Gefühle.

Und besonders schön, wertvoll und tief sind jene Umarmungen, bei denen du den Herzschlag des anderen spüren kannst und du weißt, deine nicht gesprochenen Worte sind dort angekommen.

Lass jede ehrliche Umarmung zu und sage auch du den Menschen, die dir wichtig sind, so unglaublich viel, ohne wirklich etwas sagen zu müssen.

Wieder nicht

Dein Auto ist weg. Meine Tür ist zu. Ich steh an dieser mit dem Rücken, unfähig einen Schritt weiterzugehen. Starr. Und nun, wo du gefahren bist, dürfen die Tränen, die ich in den letzten Minuten tapfer geschluckt habe, fließen. Denn wieder bist du nicht geblieben. Wieder hast du mich nicht mitgenommen. Keine Chance mehr, dir etwas zu sagen. Keine Chance mehr, dich einen Moment länger zu umarmen. Keine Chance, dein Wegfahren zu verhindern.

Es ist ein Jahr her, dass dein Leben und mein Leben unser Leben werden sollte. Es hat nicht funktioniert und doch ist alles noch so wie früher. Keine Masken, kein Gefallen-Müssen, keine unnötigen Diskussionen, keine Dramen, kein Verstellen, dafür aber Lachen, Spaß, Gespräche, Blödsinn, Spontanität, Ideen und Zeit, so wahnsinnig viel davon in nur zwei Tagen. Aber da war auch dein ungesagter Wunsch nach Distanz. Dieser hat meinen Wunsch nach Nähe so wahnsinnig festgehalten, hat ihn zurückgehalten. Wie soll mein Herz das verstehen? So viel Vertrautheit und dazu diese dämliche Distanz. Mein stiller Wunsch hat deinen unausgesprochenen Wunsch stumm angeschrien, einfach nachzugeben. Ich weiß, dass du ihn gehört, aber ignoriert hast.

Trotzdem habe ich mich in der Nacht zu dir gesetzt, als du nicht schlafen konntest, um mit dir zu reden. Ich habe mich zu dir gelegt, als du wieder eingeschlafen bist, damit du nicht allein liegst. Ich habe dich angeschaut im Schlaf, um dein Bild, dein Gesicht, nicht zu vergessen, wenn du wieder fort sein wirst. Ich habe dich wieder eingeatmet und die Luft angehalten, damit du da ganz tief in mir drinnen bleibst. Meine Hand wollte dich so gerne nur einen Moment berühren und hat es dann doch nicht getan.

Wir hatten an diesen Tagen so viel Sonne und so viel Wasser. Endlich konnten wir gemeinsam am Meer die Linie am Horizont bestaunen, genauso wie den Wahnsinns-Himmel bei Sonnenuntergang am See. Wir waren wie früher so frech, so albern und so fröhlich. Das Schönste aber waren deine Augen. Du hast gelacht und ich habe sie in diesen Momenten endlich wieder leuchten sehen. Das hatten sie in letzter Zeit so selten geschafft. Ich habe für mich allein gelächelt und mich so sehr für dich und dein Leuchten gefreut.

Die Tür ist zu und du bist wieder weg. Es war eben nur ein Besuch. Weißt du, nimm ruhig alles mit. Das Lachen, die Eindrücke, die tolle gemeinsame Zeit, die Fotos, die gesprochenen sowie die unausgesprochenen Worte und auch mein Herz. Ja, verdammt, ich schmeiß es dir schon wieder hinterher.

Pack all das dort, wohin du gerade wieder zurückfährst, aus, wenn das Leben wieder mal nicht so einfach ist, wenn deine Augen das Leuchten vergessen und dein Lachen nicht gehört wird. Und wenn dir kalt ist, schnapp dir einfach mein mitgenommenes brennendes Herz zum Wärmen.

Dein Leben und mein Leben sind zu unserem Leben geworden, aber scheinbar nur für mich. Ich weiß nicht, was ich für dich bin, welche Statistenrolle ich in deinem Lebensfilm besetze und ich brauche dich auch nicht mehr danach fragen. Du wirst mir keine Antwort geben. Vielleicht weißt du es selbst nicht. Aber bitte, nenn mich dort draußen niemals „eine gute Freundin". Nenn mich niemals „eine Bekannte" und niemals „eine kurze Begegnung". Denn nichts davon bin ich. Ich bleibe einfach die Frau, die so verrückt ist und dich noch immer so irre liebhat, für nichts, außer für dich, genauso wie du bist…

… obwohl du wieder nicht geblieben bist, obwohl du mich wieder nicht mitgenommen hast und obwohl ich hier hinter der Tür regungslos stehe und still einfach um uns beide weine.

Das Ding mit meiner Liebe

Ich liebe so wahnsinnig das Meer, wenn die rauen Wellen den Strand streicheln. Ich liebe es aber auch, wenn es ganz ruhig daliegt, ein Spiegelbild des Himmels. Der Blick auf den Horizont fasziniert mich. Dieses Meer muss nichts dafür tun. Es ist einfach nur das Meer.

Ich liebe den Morgen, der den neuen Tag beginnen und mich seine Klarheit einatmen lässt. Er ist einfach jeden Tag wieder da. Mehr nicht.

Ich liebe die Sonne, die täglich aufgeht. Dabei spielt es keine Rolle, ob sie strahlt oder sich hinter grauen Wolken verkriecht. Ich weiß, dass sie da ist und das reicht.

Ich liebe die Nacht, die so vieles in ihrer Dunkelheit verschluckt. Dann ertrinke ich in ihrer Ruhe und Stille, kann mich in ihr verstecken. Sie tut dafür nichts Besonderes. Die Nacht bricht einfach so herein, zu jedem Ende eines Tages.

Ich liebe die Blumen und die Bäume, all die farbigen Blüten und das Rauschen der Blätter im Wind. Aber diese Liebe vergeht nicht im Herbst, denn alles hat seine Schönheit, egal zu welcher Zeit in diesem Leben. Es bleiben dieselben Blumen, dieselben

Bäume, auch wenn sich ihr Äußeres regelmäßig verändert.

Ich liebe Musik, die mich berührt und meinen ganzen Körper dermaßen durchströmt, dass ich emotional zu explodieren drohe. Eine Erklärung habe ich dafür nicht, auch keine Worte. Diese Musik spielt einfach.

Und dann liebe ich noch dich.

Ich liebe nicht dein Aussehen. Ich liebe nicht nur, was du sagst, schreibst oder wie du dich gibst. Es ist mir auch egal, wie du auf andere wirkst. Ich liebe dich dann, wenn ich dich anschaue, wahrnehme, dann wenn du einfach nur bist, wenn ich dich sehen kann. Wirklich sehen. Auch du musst nichts dafür tun. Stell mir keine Frage nach dem Grund, denn es gibt keinen. Du bist einfach nur da, so wie das Meer, die Nacht oder der Baum.

Vielleicht verstehst du meine Liebe nicht. Das musst du auch nicht, denn es ist ja meine Liebe. Vielleicht kannst du all diese Liebe auch nicht mit mir teilen, weil sie und ich nicht in dein Leben passen. Auch das kann ich nicht ändern.

Aber ich bitte dich um eines. Respektiere und achte meine Liebe. Mach sie nicht mit Worten kaputt, tritt sie nicht mit Füßen, belächle und missbrauche sie nicht. Denn sie ist so ehrlich, so offen, so bedingungslos und sie brennt so wahnsinnig, dass es oftmals weh tut. Diese Liebe sortiert ständig Unwichtiges von Wichtigem in meinem Leben.

Sie ist das Einzige, was letztendlich bleibt, wenn all der Ballast aus Vorstellungen, Erwartungen, Illusionen und Konditionierungen von mir abfällt.

Und sie wird auch das sein, was von mir bleibt, wenn irgendwann ich nicht mehr hierbleiben kann.

Fortsetzung folgt...

Dieses Leben ist ein Film, eine Endlos-Serie, die scheinbar schon vor langer Zeit abgedreht wurde. Und jeden Tag dürfen wir eine Folge davon sehen. Die Schauspieler verstehen es wirklich gut, täglich Dramatik, Tragik und Action zu erzeugen. Ein irrsinniges Spektakel.

Es sind größtenteils so unnötige Dramen, die in Szene gesetzt werden. Nichtigkeiten, Unwichtiges. Da wird Kontrollverlust schon im Trailer spektakulär dargestellt. Hier bereits zu zeigen, dass wir das Leben nicht kontrollieren können, würde diesem Film wahrscheinlich zu früh die Spannung nehmen.

Ständig wollen wir haben, was wir nicht brauchen. Wir wollen loswerden, was doch aber zu uns gehört. Wir funktionieren, bis das Akku leer ist, um irgendwann festzustellen, dass wir es nicht ewig neu aufladen können. Wenn wir ganz jung sind, wollen wir älter sein. Aber wenn wir alt werden, wünschen wir uns die Jugend zurück. Wir träumen von Liebe, aber schätzen sie nicht, wenn sie da ist. Wir planen zielstrebig die Zukunft und verpassen dabei traumhafte Momente. Ständig wollen wir etwas anders. Nie genügt das, was ist. Nie Zufriedenheit, stattdessen ein ewiger Kampf.

Und dann entstehen die vielen absurden Tragödien und Dramen in diesem Film, jeden Tag. Statt all das, was da ist anzunehmen und zu leben, versuchen wir unaufhörlich in das Drehbuch einzugreifen. Natürlich können und müssen wir reagieren, wenn Dinge geschehen. Aber wir REagieren eben nur auf das Geschehene, auf jenes, was dieses Leben uns bringt. Das zu erkennen und zuzulassen, ist nicht für alle Schauspieler vorgesehen. Und deshalb wird der Regisseur, Leben, jeden immer wieder an seine Rolle erinnern, egal, ob sie uns gefällt oder nicht. Wir werden nicht gefragt.

Manchmal macht mich dieser Film, den ich sehe, unheimlich müde. Dann brauche ich die Pause-Taste. Einmal alles anhalten, aus der Vorführung gehen und wieder einfach nur das Leben wahrnehmen und lieben mit dem, was ist.

Denn alles passiert sowieso, wie es passieren muss!

Wortlos

Um mit der Welt dort draußen zu kommunizieren, benötige ich die Sprache. Ich brauche Worte, um mich auszudrücken und verständlich zu machen. Was aber, wenn sie nicht reichen?

Wie soll ich dir erklären, was mich fasziniert und staunen lässt, wenn du die Schönheit, die ich sehe, nicht selbst erkennst?

Welche Buchstaben, Silben und Sätze braucht es, um dir zu zeigen, wie ich die Welt sehe, wenn du in die entgegengesetzte Richtung schaust und meine Sicht gar nicht teilen kannst?

Wie soll ich dir beschreiben, was ich denke, wenn du doch mit deinen eigenen Gedanken ganz woanders bist?

Welche Worte sind passend, um dir meine Freude oder meinen tiefen Schmerz mitzuteilen, wenn du selbst noch nie so hoch geflogen oder in die bodenlose Tiefe gefallen bist?

Wie kann ich ausdrücken, was ich fühle, wenn du mich ohnehin nicht spüren kannst?

Welchen Sinn macht es eigentlich, für alles Worte zu suchen, um verstanden zu werden, obwohl ich von dir gar nicht verstanden werden kann.

Ich bin müde vom Suchen nach richtigen Bezeichnungen, nur um mich zu erklären. Denn du wirst mich ohnehin nie durch meine Stimme verstehen können. Es sei denn, du findest auf ihrer Straße, entstanden aus tausenden von Buchstaben, zu meinem Schweigen.

Dort angekommen setz dich ebenso wort- und kommentarlos beim leisen Sonnenauf- und -untergang, beim gleichmäßigen Klang von Wasser und Wellen, beim friedlichen Ziehen der Wolken, bei allem, was mich zutiefst berührt, zu mir. Erst dann wirst du verstehen, ohne dass ich reden und dir erklären muss, wie ich Freude empfinde, wie sich mein Schmerz anfühlt, welchen Blick ich auf die Welt habe, wer ich wirklich bin...

... und was ich dir eigentlich alles sagen möchte.

Du musst nur loslassen

In den vergangenen Tagen hatte ich unterschiedlichste Gespräche über das Loslassen. Jeder kennt das. Wir vertrauen uns jemandem an und erzählen von Situationen oder Menschen, die uns Bauchschmerzen bereiten. Wir fühlen uns nicht ganz wohl dabei oder spüren, dass uns jemand auf Dauer nicht guttut. Dann ist die gängigste Antwort: „Du musst loslassen." Diese Antwort ist schnell gegeben. Sie ist quasi schon zu einem Slogan geworden. Aber funktioniert Loslassen-Müssen wirklich so einfach, wie es sich sagt?

Ich behaupte, dass ich keinen Einfluss auf dieses endgültige Loslassen habe. Ich kann es tun, kann Situationen und Menschen auf Kommando verlassen. Aber ist es ein wirkliches Loslassen, wenn ich es tun „muss"? Ich habe für mich festgestellt, das Loslassen von selbst geschieht, dann, wenn mir die Situation oder der Mensch gleichgültig werden.

Vor ein paar Jahren zog ich in ein Mietshaus. Es war die Wohnung meiner Oma, die aufgrund ihres Alters zwei Etagen tiefer gezogen war. Ich verband mit meiner neuen Wohnung die schönsten Kindheitserinnerungen und liebte dieses große von Licht durchflutete Wohnzimmer, dem Himmel und der Sonne näher als vorher. Bereits nach kurzer Zeit beschwerten sich meine Nachbarn unter mir (welche mich bereits als Kind kannten) darüber, dass mein Kater zu laut durch die Wohnung springe und laufe. Ich nahm das anfangs gar nicht ernst. Mein kleiner Joshy war erst ein paar Monate alt und bestimmt kein Schwergewicht, welches den Boden vibrieren ließ. Die Nachbarn wurden lauter und es begann ein regelrechter Psychoterror. Sie lauerten mir im Hausflur auf, um mich zu beschimpfen. Sie klopften gegen Wände und Heizkörper, selbst, wenn ich es war, die sich in der Wohnung bewegte. Sie drohten mit Anwälten und informierten die Hausverwaltung. Irgendwann zuckte ich bei jeder Bewegung meines kleinen Katers zusammen. Diese Menschen machten mir Angst. Das ständige Klopfen und teils auch Gebrüll aus der Wohnung unter mir war für mich kaum noch zu ertragen. Es tönten erste Stimmen, dass ich ausziehen, dass ich loslassen solle. Meine eigene innere Stimme eingeschlossen. Aber ich hing an dieser Wohnung. Ich wollte in Omas Nähe bleiben und hier alt werden. Ich konnte nicht loslassen, obwohl ich wusste, nur ein Auszug würde mir meinen Frieden wiedergeben.

Eines Tages kam ich von der Arbeit nach Hause und die Wohnung war leer. Mein damaliger Partner war ausgezogen und hatte unseren kleinen Kater mitgenommen, weil er meine Angst und meine angeschlagene Psyche nicht mehr aushalten konnte An diesem Abend saß ich allein starr auf dem Sofa. Dort, wo noch am Morgen der Kratzbaum gestanden hatte, gähnte Leere, wo die Schuhe meines Partners sonst standen, ebenfalls. Ich hatte mich an dieser Wohnung festgekrallt und dabei verloren, was mir wichtig war. In diesem Moment hatte das große helle Wohnzimmer plötzlich keine Bedeutung mehr. Auch die Liebe zu meiner Oma wurde zweitrangig. Hier ging es um mich. Erst in diesem Moment geschah das Loslassen. Es passierte von ganz allein. Ich „musste" gar nichts dafür tun. Mir wurde alles egal und ich mir selbst dabei wieder wichtig. Einige Wochen später zog ich aus.

Da war auch dieser Mensch, der in meiner Nähe war, wenn er mich brauchte oder Lust auf gemeinsame Zeit hatte. Ich half ihm ständig aus der Not, war sein Seelsorger und immer für ihn da, wenn es sonst niemand war. Er aber schubste mich immer wieder weg und holte mich dann zurück, wenn er mich gebrauchen konnte. Auch hier war es die eigene sowie auch fremde Stimmen, die mich ans Loslassen erinnerten. Ich konnte nicht, weil ich immer noch gute Seiten an ihm erkannte, obwohl er mir nicht mehr guttat und mich nach seinen Befindlichkeiten benutzte. Dann wurde ich krank. Ich fühlte mich allein und ziemlich hilflos. Als ich ihn fragte, ob er nicht zu mir kommen und ein Weilchen bleiben könne, war die Antwort, es ginge ihm selbst nicht so gut und ich solle aus seinem energetischen Feld verschwinden, damit er gesund wird. Das würde ich nämlich mit meiner Erkrankung verhindern. Ich war so schwer getroffen, dass in diesem Moment etwas den Schalter in mir umlegte. Dafür musste ich mich nicht einmal anstrengen. Auch hier geschah das Loslassen von allein. Kein Schönreden und kein Gefühl mehr für diesen Menschen. Es war einfach weg. Ich hatte ihn losgelassen.

Wir können Situationen oder Menschen auf Anraten von außen oder unserer inneren Stimme verlassen. Aber wenn wir es auf Befehl oder Zuruf tun, wird es sich nie richtig anfühlen. Beim Loslassen-Müssen werden sich immer Zweifel einschleichen, ob es richtig ist, solange wir einer Situation immer noch etwas Gutes abgewinnen oder für Menschen noch irgendetwas fühlen. Loslassen geschieht dann, wenn ich nichts mehr spüre, außer Gleichgültigkeit und gleichzeitig Erleichterung beim Ver(Los-)lassen. Wenn Menschen mir erzählen, dass sie wissen, sie müssen loslassen, dann nicke ich. Natürlich weiß ich, dass sie es wissen. Ich selbst weiß ja auch, was sich für mich nicht stimmig anfühlt und was ich loslassen müsste. Aber solange mich in einer Situation noch etwas hält, solange ich für einen Menschen noch etwas Liebevolles empfinde, würde es mich Kraft kosten, mich dagegen zu stemmen. Warum soll ich mich quälen? Loslassen soll einfach sein, mich schließlich erleichtern. Ich gebe mir Zeit dafür. Wenn mir diese scheinbar für alles angepriesene Lösung. wenn mir Loslassen, allerdings noch schwerfällt, dann soll es eben noch nicht sein, aus welchem Grund auch immer.

Aber ich weiß auch, wenn mich etwas zerreißt oder mich jemand zerbricht, wird der Schmerz mich öffnen und meine Seele selbstständig alles raus-/loslassen, was nicht mehr zu mir gehört.

Dann wird das Loslassen zur Freude und Befreiung, nicht mehr zum Kampf mit mir selbst.

Wertlos

Da sitzt du nun vor mir, am Boden zerstört. Du wurdest allein gelassen. Verlassen. Jetzt bist du unendlich traurig und dein Gesicht ist von den vielen Tränen gezeichnet. Es war doch alles schön und nichts davon soll mehr wahr sein. Es fühlt sich für dich ein wenig wie Sterben an und dein Leben steht still. Du stellst dir viele Fragen. Was habe ich falsch gemacht? War ich nicht mehr schön oder nicht mehr gut genug? Du zweifelst an dir selbst und fühlst dich einsam, schlecht und vor allem wertlos. Dieses Gefühl, es nicht mehr wert zu sein, geliebt zu werden, nichts richtig zu machen und nichts zu können, nicht einmal richtig zu lieben, nagt an dir.

Ich weiß, wie es sich für dich anfühlt. Der Körper krampft, die Tränen fließen unkontrolliert und jede kleine Erinnerung zerfrisst deine Seele. Ich verstehe dich, weil ich es genauso selbst schon erlebt habe. Das Schlimmste, was mir in so einer Situation mal passierte, war, dass ich aufhörte zu essen. Nur eine Kleinigkeit am Tag, mehr passte nicht in mich hinein, da der Kummer allen Platz in mir für sich beanspruchte. Ich konnte zwar überleben, aber nicht mehr leben. Drei Monate lang zeigte mir der Spiegel jeden Morgen ein schlimmeres Bild als am Tag davor. Ich sah es, konnte aber nichts dagegen tun. Es ging mir ähnlich wie dir, mit einem kleinen Unterschied. Ich hatte mir meinen Selbstwert und mein Selbstvertrauen bewahrt. Körperlich und seelisch zerbrach ich scheinbar, aber ich fühlte mich niemals schuldig und stellte mich selbst auch nicht in Frage. Natürlich reflektierte ich mich und schaute, welchen Part ich zu dem Ende dieser Geschichte beigetragen hatte. Aber selbst das zu erkennen, hätte nichts rückgängig machen können. Gesprochene Worte blieben gesagt und eventuell begangene und nun selbsterkannte Fehler blieben bestehen.

Weißt du, da kam ein Mensch in dein Leben, der dir seine Liebe und Aufmerksamkeit schenkte. Eine bestimmte Zeit passtest du genau in seine Vorstellungen. Er liebte deine Stärken, deine Schwächen, dein Lachen, deine Träume, deine Art und deinen Körper. Er hatte dich gern, so wie du warst. Vielleicht weil du anders warst, als er selbst, was ihn interessierte und faszinierte. Vielleicht aber fühltet ihr euch auch vom anderen angezogen und verstanden, weil ihr euch auf der gleichen Wellenlänge getroffen habt. Oder zeigtest du ihm eventuell doch Leben und Liebe in einer anderen Form, als er es kannte? Egal, was es war, er trug dich und deinen Wert, deinen Selbstwert, den du zu dem Zeitpunkt mit Sicherheit genau kanntest, auf Händen und setzte dich mit seiner Liebe auf einen Thron. Er machte dich dort noch schöner und selbstbewusster, noch kreativer, mutiger und sicherer, als du es ohnehin schon warst. Dieser Mensch holte mit seiner Liebe und mit der Zeit, die er an deiner Seite verbrachte, so viel mehr aus dir heraus, als du vielleicht jemals allein geschafft hättest.

Nun ist er gegangen und ließ dich dort zurück, wohin er dich begleitet hatte. Warum verlässt du aber freiwillig diesen Thron? Weshalb solltest du es nun nicht mehr wert sein, dort oben zu sitzen? Wegen ein paar zuletzt gesagter und vielleicht nicht mehr so schönen Worte? Wegen eines am Ende dieser Begegnung eventuell abwertenden und respektlosen Verhaltens? Nur weil du zum Schluss für ihn nicht mehr gut genug warst und weil er dich nicht mehr als das schätzte, was er früher mal in dir sah? Was verlierst du eigentlich, wenn jemand geht, der dich doch gar nicht mehr wirklich erkennt?

Du aber bist an dieser Begegnung gewachsen, egal wie kurz oder lang sie dauerte. Während dieser Zeit fühltest du dich groß, stark für das Leben und auch für die Liebe, die du großzügig geben konntest. Halte genau das fest! Sieh nicht, was er jetzt mit Worten und seinem Verhalten noch versuchte, dir zu nehmen, sondern bewahre dir das, was er dir in euren besten Zeiten gab.

Glaub mir, auch ich habe meinen Schmerz ins Kissen geschrien. Meine Traurigkeit tränkte tausende Taschentücher, Viele Warums zermürbten meinen Geist. Die Sehnsucht nach dem Menschen, der mir plötzlich den Rücken zuwandte, zerriss mein Herz jede Nacht neu. Aber ich dachte nie daran, mich zu ducken, zu verstecken oder klein zu machen. Ich fühlte mich nie falsch oder wertlos. Er hatte mich strahlen lassen. Warum sollte ich selbst dieses Licht nun dimmen? Du erinnerst dich an die schönen Tage? Dann erinnere dich bitte auch an das, was sie mit dir gemacht haben. Dann wirst du bemerken, dass Traurigkeit und Sich-Verloren-Fühlen Stück für Stück einer Dankbarkeit weichen. Ja, du wirst diesem Menschen irgendwann für das dankbar sein, was er dir gegeben hat und dafür, wie er dich verändert hat. Das kann seine Zeit brauchen. Nimm sie dir. Aber geh nicht von dort weg, wo du durch diese Begegnung hingeführt wurdest.

Und wenn genug Zeit vergangen ist, wirst du bestimmt mit derselben Dankbarkeit und voller Liebe jemandem hinterherschauen, den du weiterziehen und -suchen lassen musstest, weil er vergessen hatte, was er an dir einst so sehr liebte, achtete oder bewunderte, auch, dass er dich dabei sanft mit seiner Liebe und Wertschätzung auf einen Thron gehoben hatte.

Wie ich in den Wald hineinrufe

Vor einiger Zeit las ich einen sehr schönen Beitrag über die zwischenmenschliche Kommunikation. Er brachte mich ein wenig zum Nachdenken und Selbstreflektieren. Wie kommuniziere ich eigentlich?

Ich arbeite beim Anwalt, genauer gesagt, beim Insolvenzverwalter. In den Regalen, verstaut in schwarzen Ordnern, stecken Schicksale. Jede Insolvenz hat ihre eigene Geschichte. Aber alle handeln von Menschen, denen ihr finanzieller Spielraum entglitten ist. Manchmal durch Leichtsinn, Selbstüberschätzung und Blauäugigkeit, aber auch durch Krankheit, Trennung oder Verlust.

Ich kommuniziere täglich per E-Mail, per Brief oder am Telefon mit diesen Menschen. Viele von ihnen schämen sich und versuchen, selbst wenn ihr Verfahren schon seit einigen Jahren läuft, immer noch, sich bei mir zu rechtfertigen oder sogar zu entschuldigen. Im Laufe der Zeit eines solchen Verfahrens lernt man diese Menschen kennen und erfährt eine Menge aus ihrem Leben. Ich werde mit Existenzängsten, privaten Katastrophen und Geburten, aber auch dem Tod konfrontiert.

Für mich ist es wichtig, dass diese Menschen wissen, sie müssen sich bei mir für gar nichts rechtfertigen oder schämen. In jeder E-Mail und auch in jedem Gespräch versuche ich, oftmals mit Humor, aber auch Verständnis, diesen Schuldnern gegenüberzutreten. Manch ein Telefonat kann dabei auch etwas länger dauern, wenn da jemand ist, der nur gehört und verstanden werden möchte und dann endet so ein Gespräch auch schon mal in Lebensberatung oder - hilfe. Ich tu das gern, weil mir meist von der Gegenseite Vertrauen, aber auch große Dankbarkeit dafür entgegengebracht werden.

Privat sieht meine Kommunikation ein wenig anders aus. Für einen guten Zuhörer und genauen Beobachter halte ich mich auch dort. Allerdings rede ich nicht gerne über mich. Es gibt eine Handvoll Menschen, mit denen ich ziemlich offen und ehrlich sprechen kann. Diese dürfen sogar behaupten, dass sie mich kennen und wissen, wie ich denke, fühle und sehe. Alle anderen werden nie wissen, wer ich wirklich bin, weil ich es nicht zulasse. Erst gestern sagte jemand zu mir: „Mit deinem Sarkasmus kannst du Menschen ziemlich böse treffen." Das bekam ich nicht zum ersten Mal zu hören. Ich weiß das! Und es tut mir manchmal im Nachhinein sogar leid. Aber ich kann nicht aus meiner Haut und Sarkasmus ist mein Versteck. Dort kann ich mich wunderbar so lange verkriechen, bis ich erkenne, ob jemand dafür bereit ist, mich auszuhalten, mit mir über die Dinge zu sprechen, die mir wichtig sind und mir auch offen und ehrlich gegenüberzustehen. Ich selbst will mich nicht jenen öffnen, die in anderen Sphären als ich schweben und die meine Ansichten ohnehin nicht teilen können, weil sie diese nicht so sehen und empfinden. Ich möchte kein offenes Buch für jeden sein, der nur gelangweilt ein paar Sätze durcheinander liest und mich sofort irgendwo in seinen Vorstellungen einordnet.

Ich weiß aber auch, wer sich die Zeit nimmt, um mich langsam aus meinem Versteck zu holen, wer sich dafür interessiert, wie ich denke und woran ich glaube, wer wirklich meine Träume, aber auch meine Albträume erfahren möchte, wird mich hinter dem Lachen und dem Sarkasmus finden, statt sich davon abschrecken zu lassen. Dann, wenn ich ihm vertraue und kein Versteck mehr brauche. In dem Moment kann es die wunderbarste, ehrlichste Begegnung und Kommunikation werden.

Ich musste mir bereits eine Menge Vorträge anhören, dass ich mich doch jedem Menschen von Anfang an ehrlich und offen zeigen soll. Ehrlich bin ich (gerade auch in diesem Moment), nur nicht sofort offen. Man möge gar nicht erst versuchen, mich dahingehend zu belehren oder zu verändern. Ich habe meine Erfahrungen im Leben gemacht und in meinem Versteck fühle ich mich seit Kindertagen recht wohl.

Aber wenn du kein Problem mit mir und meiner komischen Art hast und mir vielleicht sogar genauso schlagfertig begegnest, dann ist auf jeden Fall der Anfang unserer gemeinsamen Kommunikation gemacht.

Und wer weiß, vielleicht werden daraus eines Tages die aufrichtigsten und interessantesten Gespräche. Ja, vielleicht lachen wir uns dann gegenseitig in unsere Herzen.

So, wie ich es schon mit einer Handvoll geduldiger Menschen vor dir geschafft habe. Mit jenen, die mich in meinem Versteck erkennen konnten.

Forever young

Neulich fragte mich mein Sohn, ob ich für ihn das alte Foto heraussuchen könnte, auf dem er als kleiner Junge von mir zum Pumuckl verkleidet wurde. Ich holte meine Fotokisten aus dem Schrank und begann zu suchen. Innerhalb eines kurzen Moments saß ich inmitten eines Haufens alter Bilder. Um mich herum lag mein Leben.

Dabei entdeckte ich auch die Fotos eines Sommers, den ich längst vergessen hatte. Ich war 16 Jahre alt und mein Zuhause war ein Irrenhaus. In diesem Sommer brach ich mit einer Freundin aus. Wir zogen los, die Ostsee zu erobern. Weder Zelt noch Schlafsack hatten wir dabei. Uns genügten ein paar Klamotten, eine Decke und sehr wenig Geld. Streckenweise nutzten wir den Zug. Manchmal ließen wir uns auch am Straßenrand von netten Autofahrern mitnehmen. Auf unserem Weg trafen wir irgendwann eine Fünfer-Gruppe junger Männer, welche dasselbe Ziel wie wir hatten. Das Meer! Wir schlossen uns ihnen an und es wurde eine aufregende Zeit.

Während ich die zum Teil schon eingerissenen Fotos ansah, begann ich, mich selbst darin zu suchen. Damals lief ich barfuß mit zerzausten Haaren und rauchte filterlose Karo-Zigaretten. Nachts schlief ich am Ostseestrand in Strandkörben oder nur auf einer Decke.   Ich sammelte Steine und schrieb damit Botschaften in den warmen Sand. Wir tranken Bier aus Flaschen und knutschten fremde Männer, die wir für einen kurzen Augenblick, für ein Lachen, auf unserem Weg kennenlernten. Die alten Fotos rochen an diesem Abend nach Salzwasser, nach Freiheit und Leichtigkeit. Ich war damals so jung und das Leben vor mir noch weit. Da waren keine Ängste oder Gedanken an morgen. Vielmehr füllte mich Vertrauen in das Leben sowie auch die Liebe und Neugier dazu. Alles durfte auf mich zukommen und wurde von mir genauso angenommen.

Ja, ich suchte und ich fand mich an diesem Abend auf den alten Fotos. Nur minimale Veränderungen gab es in den letzten Jahrzehnten. Aus dem Bier wurde Rotwein, meine Zigaretten haben heute Filter. Statt mit Steinen in den Sand, schreibe ich heute meine Gedanken am Laptop. Auch bemühe ich mich heutzutage, den Haaren ein bisschen Form zu geben, selbst wenn es nur bei dem Versuch bleibt. Und im zurückliegenden Sommer hatte ich zumindest einen Schlafsack dabei, als ich am Strand schlief.

Aber barfuß laufe ich noch immer so gerne, weil ich es genieße, an den Füßen das weiche Gras, das kraftvolle Wasser oder den warmen Sand zu spüren.

Nichts von all dem, was nach dem Sommer auf den Fotos geschah, konnte mir die Liebe und das Vertrauen eines Teenagers zum Leben nehmen. Mein Lachen und mein Drang nach spontanen, kleinen Abenteuern sind ebenso geblieben. Okay, ich knutsche heute nicht mehr fremde Männer auf der Straße, aber das bedeutet nicht, dass ich es nicht manchmal einfach im Vorbeigehen gerne tun würde.

Wir sollen nicht in der Vergangenheit weilen, wird uns oft gesagt. Aber hey, mich haben diese Fotos an mich selbst erinnert. Sie haben mir für einen Abend ein junges Mädchen zurückgebracht, welches sich heutzutage viel zu oft versteckt, nur weil das Äußere älter geworden ist, weil sich bestimmte Dinge im Alter nicht „gehören" und weil wir doch immer an irgendetwas oder irgendwen angepasst, vernünftig und durchdacht funktionieren sollen. Im Herzen ist diese Frau jedoch immer wild, unangepasst, jung und etwas unvernünftig geblieben; ihre Seele nach wie vor hungrig nach dem Leben und der Liebe. Jeden Tag aufs Neue. Und daran erinnerte mich an einem Novemberabend ein 16-jähriges Mädchen in schwarz-weiß.

Meinen Sohn als Pumuckl entdeckte ich schließlich auch noch in der Fotokiste und ich hoffe, auch er fand sich an diesem Abend in seinem Foto wieder.

Liebe mit aller Gewalt

Sag mir, wie fühlt es sich an, wenn du die Wohnungstür mit Angst aufschließt? Denkst du tagsüber schon darüber nach, wie es sein wird, wenn du nach Hause kommst? Oder ahnst du bereits, dass der Mensch, zu dem du am Abend heimkehrst, durch den Alkohol nicht mehr der sein wird, von dem du dich morgens verabschiedet hast?

Du wirst mir auf diese Fragen keine Antworten geben. Stattdessen findest du Ausreden und Entschuldigungen dafür, dass du es immer noch erträgst. Du sprichst von Verantwortung und von der Liebe, die doch mal war. Glaubst du wirklich, dass es noch Liebe ist, die sich in Aggressionen und Wut an dir auslässt? Ja, deine äußeren Wunden kannst du verstecken, bis sie vernarbt sind. Aber was fühlt deine Seele? Wie soll sie jemals heilen, wenn du sie nicht vor weiteren Stichen schützt?

Glaub mir, ich weiß, wie es sich anfühlt, wenn Zuhause nicht mehr der Ort ist, an dem man sich sicher fühlt, weil der Alkohol einem den Menschen genommen hat, bei dem man sich doch einst gut aufgehoben glaubte. Demütigung, Erniedrigung und Auslachen habe auch ich jahrelang still ausgehalten. Es waren ja nur Verletzungen, die niemand sehen konnte. Aber an einem Samstagvormittag, nach einer halben Flasche Wodka, waren da plötzlich die Hände um meinem Hals und sie drückten fest zu. Ich hatte unglaubliche Angst, Angst vor dem Mann, dem ich blind vertraute und der nachts neben mir im Bett schlief, Angst um meine Kinder und um mein Leben. Als die Hände endlich von mir abließen, drehte ich mich um, nahm meine Jacke und verließ die Wohnung. Ich ging nicht wieder zurück. Denn diese Angst wollte ich nie wieder spüren.

Auch ich habe, genauso wie du, viel zu lange geglaubt, dass er sich ändern wird. Aber weißt du, warum sollte so ein Mensch sich ändern, wenn wir sein Spiel mitspielen? Ich sage dir, es kann nur anders werden, wenn du etwas änderst. Deshalb geh! Natürlich wird es nicht leicht. Du wirst einiges verlieren oder aufgeben müssen. Aber glaub mir, du kannst mit allem wieder neu beginnen, wenn du dich nur traust. Eine andere Liebe wartet auf dich.

Ich wünsche dir so sehr, dass du eines Tages erfahren darfst, dass eine Hand dafür da ist, um dein Gesicht zärtlich zu streicheln und nicht, um als Faust zuzuschlagen. Arme sollten sich sanft um dich legen und halten, nicht brutal wegstoßen. Füße können neben dir gehen und dich auf deinem Weg begleiten, statt zuzutreten. Ein Mund soll dir sagen, wie wundervoll du bist und dich nicht bösartig beschimpfen. Leuchtende Augen können deine Seele streicheln, statt diese mit Hass im Blick zu zerstören. Dein Zuhause wäre endlich wieder ein Raum für Vertrauen und Liebe und nicht mehr die Hölle. Willst du die Chance auf all das verpassen?

Du versteckst dich hinter einer selbstgebauten, strahlenden Kulisse. Die Welt dort draußen bemerkt nicht, was dir passiert, denn du beherrscht mittlerweile die Kunst, den heimischen Schrecken draußen einfach wegzulachen. Mir hast du davon erzählt, aber wem vertraust du dich außerdem an? Niemandem, nicht wahr? Du schämst dich für das, was man dir antut und dass du es zulässt. Sie würden dich fragen, weshalb du nicht mit Gegenwehr reagierst. Ja, ich weiß, warum.

Weil du als Mann niemals eine Frau schlagen würdest und weil du auch Mann genug bist, deine Kraft selbst dann nicht gegen sie einzusetzen, wenn dir solch eine Gewalt(ige Liebe) widerfährt.

Aber wer versteht das schon?

Einfach mal den Tag zurückdatieren

Manchmal reicht ein Bild, ein Musiktitel oder ein Wort, um sich an einen Menschen zu erinnern. An einen Menschen, der in unserem Leben eine große Rolle spielt, egal ob er uns noch immer begleitet oder nicht. Aber manchmal ist es auch nur ein Datum auf dem Küchenkalender, was plötzlich Erinnerungen hervorruft. Dieses Erinnern kommt im Alltag, so nebenbei und es geht genauso schnell wieder. Aber was, wenn wir die Erinnerung nicht gehen lassen wollen? Wenn uns der kurze Augenblick dafür nicht reicht?

So ging es mir. Ich wollte mich bewusst erinnern und habe somit einen solchen Tag regelrecht zelebriert, ihn für mich einfach kurzerhand in den frühen Morgenstunden zum Day of Remember erklärt. Ich wollte nicht nur einen dieser winzigen täglichen Momente, die mich seit diesem Datum begleiten, sondern mich einen ganzen langen Tag nur in der Erinnerung sonnen.

Was habe ich an diesem Tag getan? Ich zog das Kleid von damals an, ich ging an einen Ort, den ich mit diesem Menschen verbinde und ich hörte Musik, die mich beim Erinnern begleitete. Jedes Wort, jedes Gefühl und jede Emotion von diesem Tag damals waren wieder da. Es lief ein Film im Zeitraffer ab, der die gesamte Geschichte, die auf diesen Tag folgte, wiedergab. Ich habe gelächelt, gestaunt, mich erneut begeistert und ich habe geweint. Gelacht, weil sie so frei und verrückt war. Gestaunt, weil diese Story in dem Moment damals so unbegreiflich und schön war. Begeistert, weil sie so großartig schien und so irre viel geweint, weil ihr das Happy End fehlt.

Du sagst, so ein Tag - dieses Festhalten an den Erinnerungen - wäre nicht gut für mich und redest vom Loslassen, vom Vergessen und vom Bereuen. Wie soll das funktionieren? Diese Geschichte nimmt einen Teil auf dem Zeitstrahl meines Lebens ein. Soll ich sie wegradieren und damit ein Stück meines Lebens loslassen, einfach auslöschen? Ich würde dann mein eigenes Leben loslassen und dieses auch bereuen. Das will ich aber nicht und das tue ich auch nicht. Stattdessen bade und tanze ich in all dem. Ja, ich weine auch.

Aber ich weine, weil ich ergriffen bin von so einer Geschichte. Weil sie mich so stark angetrieben und mich bereichert hat. Weil sie mich Großes fühlen ließ, was ich von mir nicht mehr kannte. Weil sie mich ständig lachen ließ und alles Dunkle mit Licht erhellte. Weil sie mich verrückte Dinge tun ließ, die ich mir vorher nie zugetraut hätte. Und weil jemand anderes durch diese verrückten Dinge erfahren durfte, dass er es wert ist, so wahnsinnig lieb gehabt zu werden, ohne Wenn und Aber.

Und all das soll ich auch noch bereuen? Nichts davon bereue ich. Jeden Moment, jedes Wort und sogar jeden Streit würde ich heute genauso wiederholen. Denn dieser, mein, Day of Remember hat mich auch wieder daran erinnert, was und wen ich in meinem Leben will, wie mutig und entschlossen ich sein kann, wie anders ein Zusammensein sein kann und wie tief man jemanden sehen kann, selbst wenn man ihn nicht sieht. Dieses Art des Loslassens ist eine Farce.

Du sagst, ich solle das Buch mit dieser Geschichte zuschlagen, weil das letzte Kapitel geschrieben wurde. Was aber, wenn für mich das Ende der Geschichte noch offen ist, wenn ich noch keinen Schluss gelesen habe? Nenn mich ruhig naiv und blauäugig. Mein Leben, mein Zeitstrahl, hat noch eine lange unbeschriebene Linie vor sich, die ich heute noch gar nicht einsehen kann. Kannst du es etwa?

Ich kenne deine Angst um mich. Aber glaube mir, diese Angst musst du nicht haben. Ich werde nicht in diesen Erinnerungen stecken bleiben. Das Leben lebt sich jeden Tag weiter und es soll ruhig eine Chance bekommen, neue und andere Geschichten auf dem Zeitstrahl zu schreiben. Aber diese eine Fortsetzung werde ich mir trotzdem immer wieder wünschen;

jedes Jahr an meinem ganz eigenen Day of Remember. Egal, wie lächerlich es auf dich auch wirken mag.

Von Augen, Likes und Oberflächlichkeit

Da war dieses Foto im sozialen Netzwerk. Es war nur ein Profilbild von vielen, die uns dort jeden Tag präsentiert werden. Und doch war ich erschrocken. Zuerst erkannte ich den Hintergrund, wo dieses Foto aufgenommen wurde und dann das Gesicht, vor allem die Augen. Es waren dieselben Augen, die ich eigentlich anders kannte. Ihnen fehlte plötzlich das Leuchten und Strahlen. Ich vermisste den Schalk, den Humor und das Feuer darin. Ja, ich wusste, das Leben hatte mit diesem Menschen gerade ein blödes Spiel gespielt und trotzdem war ich erschrocken. Aber noch viel mehr irritierten mich die Likes auf diesem Foto. Dieser berühmte Daumen nach oben bedeutet schließlich immer noch „Gefällt mir". Mir gefiel das nicht! Wem gefällt aber, wenn jemand sein Feuer in den Augen verloren hat und wenn der Blick nicht mehr so wunderschön klar und neugierig ist? Habe ich nur zu viel gesehen oder fehlt mir eine vernünftige Portion Oberflächlichkeit?

Solche Likes werden ja nicht nur im Social Network verteilt. Sie geschehen täglich. Wenn wir unterwegs sind und zufällig nach längerer Zeit Freunde, Bekannte oder Familie treffen, ist die erste Frage meist: „Wie geht es dir?" Und sind wir doch mal ehrlich, wie oft ist diese Frage einfach nur eine

Höflichkeitsfloskel und der Versuch, Interesse vorzutäuschen oder ein Gespräch anzufangen? Meist haben wir gerade andere Dinge im Kopf, vielleicht Termine, den Einkauf fürs Wochenende oder wir sind auf dem schnellsten Weg nach Hause auf unser Sofa unterwegs. Wir halten oberflächlichen Smalltalk, ohne genau hinzusehen, diesen dafür aber ebenso zügig, wie wir auch im World Wide Web unterwegs sind. Wir beglückwünschen (liken) das Gut-Gehen unseres Gesprächspartners, ohne die Wahrheit erkannt zu haben. Und dann gehen (scrollen) wir weiter. Eine ehrliche Antwort erhalten oder geben wir in so einer Unterhaltung jedoch wohl eher selten.

Ich jedenfalls behaupte von mir, bemerken zu können, ob mein Gegenüber diese berühmte Frage ernst meint. Fühle ich, dass der andere nicht wirklich Interesse an einer Antwort oder gar nicht die Zeit für meine momentane Geschichte (egal ob gut oder schlecht) hat, bekommt er auch nur Antworten wie: „Läuft schon.", „Ich komme klar." oder „Passt."

Aber Augen, Augen lügen nicht. Jemand kann lachen, scherzen oder erzählen, dass bei ihm alles bestens ist; doch seine wirkliche Antwort erhalte ich nicht durch Stimme, Gestik oder Mimik. Wir sind alle gute Schauspieler. Die ganze Wahrheit verraten uns immer nur die Augen. Dazu müssen wir aber auch in diese schauen, wenn wir miteinander sprechen, wenn wir uns begegnen. Ja, auch im Netz. Wir sollten uns nur mal die Zeit nehmen, wieder etwas genauer hinzusehen.

Was kann ich tun, wenn ich erkenne, dass bei dem anderen gerade nicht alles „läuft", wie er behauptet? Gar nichts. Ich muss aus dem, was ich zu sehen bekomme, nicht unbedingt eine große Geschichte machen, erst recht nicht, wenn ich diese Geschichte bereits kenne. Da braucht es nicht immer Fragen nach einem Warum, erst recht kein übertriebenes Mitleid. Ich kann nicht jeden Menschen oder diese Welt retten. Das ist auch nicht meine Aufgabe.

Aber ich kann den anderen, vor allem die Sprache seiner Augen, wahrnehmen, einfach nur bemerken und verstehen. Vielleicht ist es mir möglich, durch die richtigen Worte, durch Humor oder nur durch mein Dasein, wieder ein kurzes Aufblitzen oder ein klein wenig Funkeln in diese Augen zurückzuzaubern, wenn auch nur für einen winzigen Moment. Und wer weiß, vielleicht rette ich dadurch letztendlich doch irgendetwas. Dabei kann es natürlich passieren, dass es mir gerade selbst nicht so gut geht.

Aber das wird dann nur bemerken, wer hineinschaut. In meine Augen. Das sieht nur, wer nicht oberflächlich ein Like abgibt und dann sofort weiterscrollt.

Heulsusen weinen, weil sie fühlen
(ein etwas anderer Reisebericht)

Ich bin ja die Heulsuse vor dem Herrn. Mich bringen ein guter Film, schöne Musik, sogar ein sternenklarer Himmel oder ein Vollmond schon zum Weinen, aber auch Ereignisse oder Orte. Und Menschen. Menschen schaffen das auch.

Da war mein kurzentschlossener Kurztrip vergangene Woche in die große Stadt. Eine Stadt, die mich scheinbar erschlagen wollte. Ich konnte nicht mehr atmen, denn es war so eng und verdammt laut. Mich erwischten Ignoranz, Gleichgültigkeit, Anonymität und Stress. Radfahrern auf Bürgersteigen musste ich ausweichen. Ich wurde von den Menschenmassen angerempelt und geschubst. Dazu betäubte mich dieser wahnsinnige Lärm. Stimmen, Autos, Busse, Bahnen und überall Baustellen mit lauten Gerätschaften. Und als ob das nicht gereicht hätte, flogen über mir in regelmäßigen Abständen Flugzeuge, gefühlt so tief, als ob sie mich noch mitnehmen wollten. Ein- oder Ausflugschneise? Ich habe keine Ahnung. Die Häuser waren so hoch und scheinbar jede Straße eine Konsummeile. Geschäft neben Geschäft. Ich fragte mich, wer die alle braucht. Ab und zu warf ich einen verzweifelten

Blick nach oben, um ein kleines Stück von meinem geliebten Himmel sehen und einatmen zu können. Das war schwer und nur einen kurzen Moment bekam ich Luft; auf einer Brücke über dem Wasser, wo ich für einige Minuten alles um mich herum ausblenden konnte.

Da war auch noch diese nicht enden wollende Fahrt mit der U-Bahn. Die kilometerweite Dunkelheit, nur vom künstlichen Licht aufgehellt, ließ mich erschaudern. Ich betrachtete die Menschen, die wie Hühner auf der Stange mir gegenübersaßen und probierte aus, ob ich mit irgendjemanden in Blickkontakt treten könnte. Nein! Kein Blick, kein Lächeln. Das waren Fossilien, versteinerte Leben, die, umgeben von dunklen Mauern, irgendeinem Ziel entgegen rasten. Es war kalt zwischen diesen Gestalten und ich so unglaublich froh, als die Fahrt mit diesem Gruselkabinett zu Ende war. Ich fühlte diese Stadt und es ging mir dabei nicht gut.

Aber mittendrin in dieser durchgeknallten Szenerie traf ich auf einen wunderbaren Menschen. Er, ein Unbekannter, der wissen wollte, wer diese Texte schreibt und ich eine Unbekannte, die wissen wollte, wer meine Texte liest, hatten sich verabredet. Diese Begegnung gab meinem Aufenthalt in diesem finsteren Gewusel Licht. Es gibt ja Menschen, deren pure Anwesenheit in einem Raum genügt, damit man sich aufgehoben und gut fühlt; Menschen, in deren Gegenwart man sich von der Kälte dieser Welt dort draußen aufwärmen kann. Und ich hatte das Glück, so jemandem zu begegnen. Ich traf auf einen netten Kerl, in dessen Augen ich Leben sehen konnte, erkennen, was ihm Freude macht, was ihn beschäftigt oder nachdenken lässt. Während wir uns unterhielten und er mir von sich erzählte, beobachtete ich ihn ganz genau. Seine Augen leuchteten, als er von dem sprach, was er jeden Tag mit Leidenschaft tut. Sie verloren aber auch etwas Glanz, als er weniger schöne Geschichten aus seinem Leben erzählte. Dieser Mensch, der sich irgendwo in dieser frostigen Stadt versteckt, gab mir abends ein kleines Buch mit handgeschriebenen Gedanken in die Hand. Als ich seine Worte nachts im Bett las, kullerten heimlich erste Tränchen. Es waren keine Gedanken, die ich dort las, sondern ein Menge Gefühl, welches durch seinen Kopf in total schöne Worte gepackt worden war. Ich konnte diesen Menschen sehen, selbst wenn ich ihn gerade nicht ansah, und ich konnte ihn fühlen, ohne dass ich ihn dafür anfassen musste. Es war einfach nur unglaublich schön, ihn um mich zu haben, selbst schweigend in der düsteren Geisterbahn.

Ja, manchmal hat man das Glück, auf solche wundervollen Menschen zu treffen, deren Dasein schon ausreicht, dass man wieder Leben spürt, selbst in einem Umfeld, in dem lauter gefühlstote Puppen wie von Zauberhand gespielt werden.

Als ich mit einem dieser grünen Busse wieder nach Hause fuhr, färbte die Sonne gerade den Himmel am Horizont in wunderschöne Farben, bevor sie unterging. Auf einem Feld neben der Autobahn hatte sich ein riesiger Schwarm Reiher in der hereinbrechenden Dämmerung eingefunden. Ich musste lächeln, als ich bemerkte, dass zwei von ihnen sehr weit abseits von den anderen ganz dicht beieinanderstanden. Es war, als nähme man mir einen Spanngurt von der Brust. Ich konnte wieder atmen. Bei wunderschöner Musik aus meinen Ohrhörern konnte ich Heulsuse dann auch endlich ungesehen in der Dunkelheit weinen. Heulsusen weinen schließlich nur, wenn niemand sie sieht und immer für sich allein.

Die letzten Tage hatten mich so stark berührt; dieser lärmende Ort mit seinen hetzenden Bewohnern und mittendrin dieser großartige Mensch. Ich beweinte meine Hilflosigkeit angesichts der vielen blind und taub umherlaufenden und gedankenfrei funktionierenden Figuren der großen Stadt. Ich beweinte auch diesen netten Kerl, der so hell strahlte, obwohl das Leben nicht immer fair mit ihm war. Und am Ende beweinte ich auch mich. Denn, wenn man ständig das Leben und die Menschen anders sieht, wenn man alles um sich herum so intensiv wahrnimmt und spürt, tut es oftmals sehr weh. Bauch und Herz werden zusammengeschnürt, so dass man zu ersticken droht.

In diesen tränenreichen Momenten wünsche ich mir manchmal, dass ich anders wäre. Ich will dann nicht mehr jedes vom Baum fallende Blatt bei seinem Tanz belächeln, will nicht mehr jeden Windhauch mit Gänsehaut spüren und jede Wolke bestaunen. Ich würde auch so gerne einmal Menschen gleichgültig und oberflächlich begegnen können. Ich möchte mich nach einem Gespräch einfach umdrehen und weitergehen können, ohne dass mich die gesprochenen Worte oder die Nähe berühren. Ich glaube, es wäre einfacher für mich, eine dieser versteinerten Marionetten aus der U-Bahn zu sein, ohne Fühlen, ohne Tränen.

Als der Bus in meine Stadt einfuhr und ich die Seen meiner Stadt riechen konnte, erinnerte ich mich an die Reiher. Vielleicht bin ich auch eine, die den Schwarm verlassen hat und abseits steht, um dieses einzigartige bunte Leben noch zu spüren und ihre eigene Spezies von außen kopfschüttelnd zu betrachten. Ich stehe zwar ganz allein, aber das spielt keine so große Rolle, denn selbst, wenn sich niemals jemand zu mir stellen sollte, so weiß ich doch, dass irgendwo zwischen hohen Häusern, Lärm und emotionaler Kälte morgens jemand in einer U-Bahn sitzt, dessen Augen noch leuchten, der auch hin und wieder zum Himmel schaut, der noch wunderschön lächeln und dieses Leben ein wenig wie ich sehen und fühlen kann.

Hanna ist zu dick

Kurz vor Feierabend telefonierte heute meine Kollegin mit ihrer Tochter. Man wollte sich eigentlich nur zur richtigen Zeit vor der Musikschule verabreden. Aber Hanna musste ihrer Mutter schon mal am Telefon mitteilen, dass sie ihren Wunschzettel zu Weihnachten widerruft. Nichts davon will sie mehr. Sie wünscht sich nun ein Laufband. Hanna ist sechs Jahre alt!

Die Maus wurde im Sommer dieses Jahres eingeschult. Sie ist ein richtiges kleines Mädchen, zieht am liebsten schöne Kleider an und trägt lange Haare. Hanna ist ein sehr empathisches Kind. Wenn andere (selbst fremde) Kinder Kummer haben, fühlt sie diesen genauso. Sie weint, wenn jemand in ihrem Umfeld traurig ist und freut sich mit, wenn jemand fröhlich ist. Dieses kleine Mädchen animierte im vergangenen Sommer seine Mutter, mal darauf zu achten, wie schön sich doch der warme Sand des Strandes an den Füßen anfühlt. Welch eine Wahrnehmung in diesem kleinen Menschen steckt!

Vor ein paar Wochen kaufte ich Hanna deshalb eine Kette, die ich selber auch trage. Auf dieser Kette steht der Schriftzug Om Mani Padme Hum. Ich fand, dass dieses Mantra der Liebe und des Mitgefühls unglaublich gut zu ihr passt. Naja, und kleine Mädchen tragen doch gerne Ketten.

Nun geht Hanna seit ein paar Monaten in die Schule. Sie erzählt ihrer Mutter, wie die gleichaltrigen Mädchen ihre Körper vergleichen. Dabei hat Hanna scheinbar das Gefühl, dass der ihre nicht perfekt genug ist. Vielleicht hat man es ihr auch gesagt. Die Sechsjährige ist sich auch sicher, dass alle Jungs der Klasse ein anderes Mädchen so toll finden, weil dieses viel schönere Haare hat als Hanna selbst.

Tja, und zu Weihnachten will sie eben ein Laufband, weil sie sich zu dick fühlt. Sie möchte genauso schön sein und dadurch gemocht werden, wie das/die andere/n Mädchen. Mit sechs Jahren! Ich war sprachlos. Hanna neigt nicht mal im Ansatz zu Übergewicht und auch ihre Haare sind wie die von vielen anderen Mädchen in diesem Alter. Noch etwas dünn, aber trotzdem stets von ihr gepflegt und schick frisiert.

Ich fragte mich heute, wie stark der Druck auf so ein kleines Wesen in diesem Alter schon sein muss, dass es seine kindlichen Wünsche wegen eines Fitnessgerätes komplett vom Wunschzettel streicht. Mit ihren sechs Jahren sollte sie sich über Puppen, erste Bücher zum Lesen oder Spielzeug freuen, all die Dinge, die sie doch zuvor auf ihren Zettel an den

Weihnachtsmann geschrieben hatte. Was passiert mit unseren Kindern? Ist die unbeschwerte, leichte und verspielte Kindheit wirklich schon nach sechs Jahren vorbei? Müssen die kleinen Würmchen sich dann bereits vergleichen und auch gleich sein? Wer trägt die Verantwortung dafür, dass schon in diesem Alter Liebe, Mitgefühl und Freundschaft hinter dem Spiegel der Äußerlichkeiten verschwinden? Sind wir Erwachsenen es? Sind es die Medien? Ist es die Gesellschaft und die Zeit, in der wir leben?

Hannas Mutti macht sich schon länger Gedanken darüber, dass ihre kleine Tochter genauso empathisch auf ihr Umfeld reagiert, wie sie selbst. Nicht, weil sie es als schlecht empfindet, sondern aus Sorge, dass genau das passieren könnte, was jetzt tatsächlich passiert. Nämlich, dass die Kleine ihre eigenen Werte und Wünsche nicht mehr sieht, nur, um den Oberflächlichkeiten der Anderen gerecht zu werden. Dass ihr liebenswertes Anderssein irgendwann nicht mehr reichen wird, um dazuzugehören.

Ich weiß, dass meine Kollegin ihrer kleinen Tochter das Laufband heute Abend wieder ausreden wird. Sie wird ihr auch erklären, dass Menschen, die sich für schön halten, hässlich sein können, hässlich in ihrer Art und ihren Worten. Sie wird Hanna daran erinnern, dass sie ein wertvoller Mensch und perfekt ist, genauso wie sie eben ist. Aber reicht das? Welches

Gewicht trägt das Wort einer Mutter, wenn im Außen viel zu viele Stimmen anderes suggerieren? Wem wird das eigene Kind glauben? An wem wird es sich orientieren? Ist es stark genug, um anders sein zu können, auch dann, wenn es das Gefühl hat, allein dazustehen? Ich weiß es nicht.

Heute Abend saß ich einfach nur sprach- und fassungslos da und machte mir Gedanken um unsere Kinder, vor allem auch um meine eigene einjährige Enkeltochter. Wie lange wird sie ein kleines unbeschwertes Mädchen sein dürfen? Im Höchstfall sechs Jahre?

Hannas Mutti schickte ich vorhin noch ein ca. achtminütiges Walt Disney Video der Geschichte vom hässlichen Entlein. Dazu schrieb ich für Hanna die Frage: „Wer sind in diesem Film die wirklich Hässlichen?"

Und ich hoffe sehr, dass sie die Botschaft verstanden und ihren alten Wunschzettel für den Weihnachtmann wieder hervorgeholt hat.

Vielleicht sagt dieses Video alles, was es dazu noch zu sagen gibt.

Liebe und Angst

Vor einem Jahr bekam ich früh morgens gegen 4.00 Uhr einen Anruf. Es war bereits der zweite in dieser Nacht. Die Stimme am anderen Ende sagte aufgeregt: „Deine Tochter quält sich so sehr und sie fragt jetzt nach dir." Es war die Nacht, in der du geboren wurdest, Kleines. Dein Papa rief mich an. Ich war nervös und jede andere Mutter wäre nach diesem Anruf bestimmt auf dem schnellsten Weg zu ihrer gerade entbindenden Tochter in die Klinik gefahren. Aber ich ließ mir Zeit, ging gemächlich ins Bad, duschte und frisierte mich, bevor ich mit öffentlichen Verkehrsmitteln zum Kreißsaal fuhr. Babygirl, ich weiß, dass deine Mama auf mich gewartet hat und glaub mir, ich war auch so wahnsinnig neugierig auf dich. Aber ich wollte nicht dabei sein, als du geboren wurdest. Dieser zauberhafte und wundervolle Moment sollte ganz allein dir und deinen Eltern gehören. Ich als Mutter, und nun auch Oma, wollte den Augenblick des Wunders und des Glücks nicht stören. Deine Äuglein sollten als erstes deine Mama und deinen Papa sehen, nicht mich. Ich habe es gut hinbekommen. Als ich in der Klinik ankam, lagst du bereits auf dem Bett und ich brauchte nur noch kontrollieren, ob alle Fingerchen und Zehe dran waren.

Dieser aufregende Morgen ist nun genau zwölf Monate her. Heute wird die erste Kerze auf deiner Geburtstagstorte brennen. Ich bin etwas erschrocken, wie schnell die Zeit vergangen ist. Du bist so groß geworden und ich lass das letzte Jahr in Gedanken Revue passieren. Du weißt noch nicht, wie sehr du mich bisher berührt hast und wie lieb ich dich hab. Im Frühjahr lagst du an meinem Geburtstag mit mir am Ostseestrand und im Sommer am See auf einer Decke. Wir bestaunten dabei die Sonnenstrahlen zwischen den wippenden Blättern der Bäume. Ich konnte deine Neugier belächeln, als ich dir zum ersten Mal mit Grashalmen die nackten Füßchen streichelte. Wir haben eine Menge Spaß beim Faxen Machen und deine Mama sagte neulich, sie hat mich noch nie so viel singen gehört, wie jetzt, wenn ich dir all die Kinderlieder, die mir noch einfallen, vorträllere und wir beide dabei in die Hände klatschen. Mittlerweile kommst du lachend auf mich zu gekrabbelt und hältst mir deine kleinen Händchen hin.

Kleine Maus, ich bin nicht die Oma, die dich im vergangenen Jahr mit Geschenken überschüttet hat. Außer vor ein paar Wochen ein gebrauchtes Schaukelpferd aus Holz, habe ich dir bisher nicht viele Überraschungen mitgebracht. Es ist so ähnlich wie an dem Tag deiner Geburt. Ich möchte gerne, dass du das Wichtige zu Beginn deines Lebens siehst und erfährst. Kein mit unnötigem Schnickschnack gefülltes Kinderzimmer soll dir Nähe, Aufmerksamkeit und Liebe ersetzen. Wenn ich bei dir bin, schenke ich dir meine Zeit, in der Hoffnung, dass du ihren Wert eines Tages zu schätzen weißt.

Allerdings haben wir diese Zeit noch nie länger allein verbracht. Den Vorwurf, dass ich nicht auf dich aufpasse, damit deine Eltern mal andere Dinge tun können, musste ich mir bereits anhören. Babygirl, eines Tages werden sie dir vielleicht erzählen, dass deine Oma sich geweigert hat, dich zu hüten, aber sie haben ja auch keine Ahnung, warum das so ist. Weißt du, als deine Mama drei Wochen alt war, lief ihr kleines Gesichtchen blau an, ihr winziger Körper verkrampfte sich zu einer skurrilen Figur und sie hörte auf zu atmen. Ich bemerkte die Situation zum Glück und riss sie verzweifelt aus ihrem Kinderbett. Während ich sie an ihren Beinchen kopfüber hielt und mit der Hand auf ihren Rücken klopfte, schrie ich sie unter Tränen ununterbrochen an: „Atme bitte, atme!" So standen wir eine gefühlte Ewigkeit. Als deine Mama dann endlich begann zu schreien, sackte ich vor Erleichterung weinend mit ihr auf dem Arm zusammen. Ich war erst 19 Jahre alt und in diesem Moment allein mit meinem Baby. Und nun, 31 Jahre später, ist die Angst von damals wieder da, kleine Maus. Ja, ich habe schreckliche Angst, mit dir allein zu sein. Angst, dass dir dabei irgendetwas widerfährt und ich erneut so einer Situation hilflos ausgeliefert bin. All die Liebe, die ich für dich empfinde, konnte diese Angst bisher nicht in den Schatten stellen. Sie ist immer noch präsent und ich bezweifle, dass das irgendjemand verstehen kann. Wie auch?

Aber hey, du wirst älter werden und wachsen. Und vielleicht werde ich irgendwann im Laufe der Zeit diese Angst einfach vergessen können. Wahrscheinlich wirst sogar du es sein, die sie mir eines Tages nehmen wird. Dann, wenn du mir dein kleines Händchen wieder einmal entgegenstreckst, dann, wenn du mir einfach nur vertraust.

Liebe und Angst gehen manchmal miteinander einher und eines kann das andere verdecken. Aber, wenn du mit deinem Herzen schaust, wirst du trotzdem immer die Liebe hinter jeder Angst sowie auch umgekehrt die Angst hinter der Liebe fühlen und erkennen können. Und genau das wünsche ich dir, Babygirl, heute zu deinem ersten Geburtstag.

Ein stets offenes Herz, eine mitfühlende Seele, aber auch eine Oma, die endlich keine Angst mehr vor dir hat.

Alles war gut

Wenn das Jahr zu Ende geht, hört man meist, wie froh die Leute sind, dass es vorbei ist und sich wünschen, dass das neue Jahr viel besser wird. Auf den ersten Blick erschien mir mein letztes Jahr als ziemlich mies. Aber gestern schaute ich mir alle Fotos von Januar bis Dezember auf meinem Handy an und erkannte, dass es ganz anders war.

Zu Beginn des Jahres wurde ich von einem Burnout gestreift. Ich brach an einem Montagmorgen zusammen. Leere, emotionale Kälte und körperliche Schmerzen hatten mich ausgeknockt. Zu viel Arbeit hatte mir den Boden unter den Füßen weggerissen. Die größte Wunde des Jahres hinterließ mein Chef, der mir nach mehrwöchiger ärztlich verordneter Auszeit mit den Vorwürfen gegenübertrat, niemand hätte das Recht sich einfach so für einige Wochen auszuklinken und wir müssten schließlich alle funktionieren. Es tat weh, zu sehen, dass ich nicht als Mensch, sondern nur als ein kleines funktionierendes Zahnrad in seinem Laufwerk gesehen wurde.

Ich habe im vergangenen Jahr viel geweint. Allerdings nicht nur vor Schmerzen und Traurigkeit, sondern auch aus Rührung, Freude und Liebe. Da war im Frühjahr mein 50. Geburtstag. Ich wollte keine große Party mit Buffett und Musik. Meine Kinder fuhren mit mir für ein paar Tage an die Ostsee und ich durfte diesen Geburtstag so feiern, wie ich es mir gewünscht hatte. Barfuß im gelben Kleid am Ostseestrand, nur mit meinem Sohn, meiner Tochter und meiner kleinen Enkeltochter. Dass der Rest der Familie heimlich den Weg dorthin auf sich nahm, um mich am Abend an einer gedeckten Tafel im Restaurant, Happy Birthday singend, zu überraschen, ließ mich sprachlos und total überwältigt sein. Da kullerten eben Tränen.

Im vergangenen Jahr hatte ich noch so viele weitere wundervolle Momente. Ich lachte am Meer mit Menschen, die mir nah waren, führte großartige Gespräche am See und aß dabei Wurst vom Grill auf der Picknickdecke. Über den Dächern der Stadt trank ich Caipirinha oder am Ostseestrand Wein. Ich durfte meinem kleinen Enkelkind beim Wachsen und Lernen zusehen und wurde vom besten Freund durch alle Höhen und Tiefen begleitet.

Auch die Liebe erwischte mich im letzten Sommer. Es war keine neue, sondern eher eine alte, die mein Herz wieder mal in Flammen setzte. So plötzlich wie sie kam, war sie auch wieder vorbei. Natürlich hinterließ sie Spuren und ebenfalls Tränen.

In diesem Jahr verlor ich noch weitere Menschen, die nicht mehr bereit waren, meinen Weg weiter zu begleiten. Und auch ich musste mich von einigen abwenden, weil sie mich übergingen, versuchten, klein zu machen oder weil sie einfach nicht meine Sprache sprachen und meine Welt nicht verstehen oder akzeptieren konnten. Dafür traten neue Menschen in mein Leben, die ich kennen- und schätzen lernte. Dankbar bin ich allen. Jenen die kamen, die wieder gingen, aber vor allem denen, die geblieben sind.

Nein, mein letztes Jahr war nicht schlecht. Eigentlich war es großartig. Kein Moment hätte anders sein dürfen. Kein Lachen leiser, keine große Liebe kleiner, keine Verrücktheit vernünftiger und keine Träne weniger. Jeder dieser Augenblicke und jeder Mensch darin, hatte seine eigene Bedeutung. Sie waren wichtig für mich, damit ich lerne und wieder ein Stückchen weiterwachse. Mein Leben war in den letzten Monaten weder beständig, noch konnte ich mich in einer Komfortzone ausruhen. Ich wurde gefordert, eventuell manches Mal auch überfordert. Um seine eigenen – auch emotionalen – Grenzen erkennen zu können, braucht es wohl die unterschiedlichsten Erfahrungen.

Im Grunde genommen wünsche ich mir für das neue Jahr, dass es mich wieder so bunt, so unplanbar und überraschend erwischt. Und ich wünsche mir, dass ich weiterhin in der Lage sein werde, zu lachen, wenn ich fröhlich bin, zu weinen, wenn ich zu zerbrechen scheine und dankbar zu sein für jeden Moment und jeden Menschen, den das Leben mich erleben lässt.

Wenn das Leben meinen Plan ignoriert

Als ich heute früh aufstand, hatte ich einen Plan. Nachdem ich, als Inbegriff eines Morgenmuffels, zu mir gefunden und mich an meinen Namen erinnert hatte, wollte ich so richtig loslegen. Die Weihnachtsdeko sollte weggeräumt, die Wohnung gesaugt und der Kühlschrank aufgefüllt werden. Außerdem stand seit dem zweiten Weihnachtstag immer noch der alte Drucker, welcher einem neuen weichen musste, im Zimmer herum und sollte endlich in den Keller gebracht werden. Mein Plan stand. All das würde ich heute endlich tun.

Dann schüttelte das Leben allerdings frech den Kopf: „Nö, wir machen das heute anders." und schickte prompt dich zu mir.

Wir trafen uns im vergangenen Sommer und wir verloren uns im selben auch wieder. Wir hatten uns so viel gegeben und uns einander selbst wieder genommen. Wir standen lichterloh in Flammen, doch irgendetwas löschte dieses Feuer wieder. Allerdings hatte sich das alles zu oft in den letzten Jahren wiederholt. Als sich unsere Wege im letzten Sommer erneut trennten, entwarf ich auch für dich einen Plan. Du bist ein wichtiger Mensch in meinem Leben, ich vielleicht auch in deinem. Deshalb solltest du deinen

Platz tief in mir drin behalten. Aber diese ständigen Berg-und-Tal-Fahrten mit meinen Gefühlen wollte ich nicht mehr aushalten müssen. Ich verbot mir selbst, dir jemals wieder nah zu kommen. Ich nahm mir vor, dir nie wieder zu viel von mir zu zeigen. Meine Vorstellung ging dahin, dass wir uns zwar kennen, aber doch besser nicht mehr begegnen. Das gelang ganz gut in den zurückliegenden Monaten.

Seit einigen Tagen schrieben wir uns nun wieder ein paar Nachrichten, lachten darin zusammen und alberten herum. Das genügte. Keine Nähe, kein In-die-Augen-Sehen, keine Gespräche. Kein Zurück in mein Leben. Ich übte die Umsetzung meines Plans.

Und dann war heute früh plötzlich meine Toilettenspülung defekt. Noch morgenmuffelig schrieb ich dir davon. Eine Stunde später klingeltest du an meiner Tür. Mit einem Augenzwinkern und einem sarkastischem „Welcome back" empfing ich dich. Cool-bleiben war ja schließlich mein Plan. Plötzlich saßen wir uns wieder gegenüber. Nach über einem halben Jahr sahen wir uns an und ich wusste, dieser verdammte Plan war für die Katz. Wir begegneten uns heute neu und doch altbekannt. Welchen Sinn hätte es gemacht, Distanz und Kühle vorzugaukeln, wenn sofort Nähe und Wärme wieder zurück waren? Wie sollte ich mich vor jemandem verstecken oder verstellen, der bereits jeden meiner

Gedanken kennt, der über jedes meiner Gefühle Bescheid weiß, der mich schon so viele Male lachen, weinen und sogar nackt gesehen hat? Jeder Versuch davon wäre sinnbefreit gewesen. Also machten wir heute einfach dort weiter, wo ich vor sechs Monaten „Tschüss, bis später." gesagt und dich dann doch bis heute nicht mehr wiedergesehen hatte.

Mein Plan für den heutigen Tag und auch für dich sah so nicht aus. Natürlich hätte ich anders auf alles reagieren können. Es lag in meiner Hand, dir abzusagen und meine Vorhaben durchzuziehen. Ich hätte dich auch nur die Toilettenspülung reparieren und danach sofort gehen lassen können, um gar kein intensives Gespräch aufkommen zu lassen. Ich hätte dich heute einfach nicht mehr liebhaben können. Hab ich aber alles nicht getan, weil ich es eben nicht kann.

Denn genau diese spontanen Überfälle des Lebens, die aus dem Nichts geschehen und mich überrumpeln, machen mein eigenes Leben aufregend und bunt. Selbst, wenn ich mich frage, was dieser Blödsinn jetzt soll, warum er geschieht, bin ich doch viel zu neugierig auf diese Überraschungen und deren Konsequenzen.

Vielleicht tut es mir nicht immer gut, mich dem, was auf mich zukommt, hinzugeben. Vielleicht ist es aber auch wichtig für mich. Erfahren kann ich es letztendlich nur, wenn ich es zulasse, wenn ich einfach mit den Geschehnissen, mit diesem Leben, mitfließe und wüstes Gedankengeschrei, was eventuell daraus geschehen könnte, vorher auf lautlos schalte.

Nein du solltest nicht mehr in meinem Leben auftauchen und meine Seele berühren. Du solltest mir nie mehr in die Augen und all meine Gedanken und Gefühle darin sehen können.

Aber weißt du, ganz egal, was ich ursprünglich wollte oder nicht. Auch egal, was morgen die Konsequenz von heute sein wird. Ich habe es genossen, wieder mal mit dir zu reden, deine Stimme zu hören und in deinen Augen zu sehen, dass wir uns vielleicht doch nie komplett verloren haben. Ja, ich habe dich für ein paar Stunden genießen können. Wenn es dir nur ein bisschen genauso ging, dann war dieser ungeplante Tag genau richtig, wie er war, ohne dass wir ihn so wollten.

Also scheiß auf all meine Pläne. Die Weihnachtsdeko und der alte Drucker stehen ja auch noch immer herum. Wen interessiert es? Das Leben jedenfalls nicht, denn dieses hat immer etwas ganz Eigenes mit uns vor. Zum Beispiel, die Toilettenspülung zu sabotieren.

Ich bin mein Puzzle

In meinem System stimmt also etwas nicht? Irgendwas läuft bei mir nicht richtig. Deshalb bekomme ich immer öfter Vorträge zu hören oder zu lesen, was ich tun solle, damit meine Fehler (meine Schwächen) korrigiert werden.

Ich solle zum Beispiel nicht lachen, wenn mir zum Heulen ist. Wenn ich dann weine, weine ich aber zu viel.

Ich soll offen sein, aber wenn mich meine eigenen Gefühle zu sehr berühren, soll ich mich davon abgrenzen und sie auch nicht jedem gleich um die Ohren hauen.

Wenn ich zu viel Liebe in mir trage, gelte ich als bedürftig.

Wenn ich wütend bin, reagiere ich sowieso viel zu emotional.

Wenn ich oft still für mich bin, soll ich aufpassen, dass ich nicht vereinsame.

Wenn ich schweige, soll ich doch mal was sagen.

Wenn ich aber etwas zu sagen habe, rede ich zu viel.

Wenn ich in Menschen etwas Gutes sehe, obwohl sie vielleicht mal nicht nett zu mir waren, klammere ich und idealisiere sie.

Wenn ich traurig oder nachdenklich bin, soll ich mir positive Gedanken machen.

Bin ich überaus gutgelaunt, erkenne ich wohl die Ernsthaftigkeit des Lebens nicht.

Außerdem ziehe ich ständig die für mich falschen Menschen in mein Leben, weil ich keine klaren Grenzen setze. Steck ich diese jedoch mal ab, bin ich undankbar und überheblich. Ich wäre ambivalent, unsortiert und unbeständig.

Aber die Ursache meines ganzen Übels erkennen Menschen sehr schnell. Meine Kindheit! Die müsse ich unbedingt auf- und verarbeiten. Diese wäre die Ursache dafür, dass ich kein normales Mittelmaß in allem finde, angeblich keine Ausgeglichenheit.

Meine Kindheit war mit Sicherheit ziemlich mies und sie hat auch einiges mit mir gemacht. Aber war sie das Einzige, was mich geprägt hat? Hörten die Erfahrungen, die mich zu der Frau machten, die ich heute bin, danach auf? Nach dem Elternhaus ging es doch erst richtig los. Freunde, Feinde, Medien, eigene Kinder, Kollegen, Chefs, Nachbarn, Frauen, Männer usw. So viel mehr Menschen, als nur die Eltern und die Familie begegneten mir. Zudem erwischten mich im Laufe meines Lebens Regen, Hitze, Wind, Wasser, Blumen, Bäume, Sonnenauf- und -untergänge, frisches Gras, Wolken, ein Blühen und Verwelken. Ebenso waren da Freude, Enttäuschungen, Höhenflüge, tiefes Fallen, Existenzängste, aber auch Überschwänglichkeit, Liebe, Trauer, Gewinne, Verluste, Trennung, Krankheit und Tod. Jeder Mensch und jedes Ereignis hat irgendetwas mit mir gemacht. Jedes Gespräch, ob laut oder leise, hat genauso Spuren hinterlassen, wie jede Berührung, ob nun zärtlich oder gewaltig.

Muss ich wirklich all das auf- und verarbeiten, nur, weil ich vom Leben sanft und in vielen Jahren geformt wurde und nun, so wie ich bin, nicht in jede Vorstellung passe? Wieviel Zeit wird es mich kosten, in der Vergangenheit zu stehen, statt mich täglich im Jetzt zu bewegen und bewegen zu lassen? Ist mein System wirklich gestört, weil ich für dich nicht angenehm, nicht perfekt genug bin?

Weißt du, ich sehe mich als ein großes Puzzle und bin mir sicher, dass jedes Teil genau dort hingehört, wo es ist. Würde nur eines verformt oder weggenommen werden, wäre ich unvollständig. Alles, was mir bisher begegnet oder geschehen ist, wurde zu Puzzleteilen, welche an irgendeiner Stelle meiner eigenen Geschichte zusammenpassten. Ich bin jeder einzelne

Moment meines Lebens, den du erfahren darfst, wenn du ihn mir lässt.

Denn ich habe keine Lust mehr auf die Vorträge von Jenen, die ihr Wissen aus irgendwelchen dreckigen, alten und abgestandenen Brunnen schöpfen, statt mir auf meiner Ebene, nämlich der des Herzens und der Seele, der Lebendigkeit, zu begegnen. Meist bezeichnen sie sich als spirituell, erleuchtet und erwacht. Sie können wunderbar stundenlang auf mich einreden und erkennen jedes Manko in mir. Ihr wirkliches Können beschränkt sich allerdings oftmals auf wundervolle Worte, die sie lediglich irgendwo gelesen oder gehört haben. Es sind nicht mehr ihre eigenen. Ich kann die wirklichen Menschen darin meist nicht mehr erkennen. Sie haben auswendig gelernt, was sie zu sagen, wie sie sich zu fühlen oder zu verhalten haben und verstecken sich hervorragend dahinter. Abgestumpfte, tote Seelen, die irgendwo und bei irgendwem Rettung für ihr eigenes Elend suchten.

Versteh mich nicht falsch. Jeder darf tun, was sich für ihn richtig anfühlt und was seine Seele braucht. Aber ich möchte nicht gerettet werden, sondern auf Menschen treffen, die ebenfalls ihre einzelnen Puzzleteile lieben. Menschen, die selbst ganz genau wissen, woher ihre kleinen oder großen Schwächen und Eigenarten stammen, weil sie sich so oft erfahren und hinterfragen, statt sich von anderen damit verunsichern zu lassen, dass an ihnen etwas falsch oder unverarbeitet wäre. Sie werden mir keine Vorträge halten, wenn ich in meinen traurigen, verzweifelten, rat- oder hilflosen Momenten, meinen Ängsten oder meinen irren Gefühlen feststecke. Diese Menschen können das, was auch ich mit ihnen kann. Einfach nur still, aufmerksam, zuhörend, verstehend, akzeptierend und mich aushaltend da sein, weil sie nämlich genauso echt und unperfekt sind. Genauso geformt und geprägt von der Unbeständigkeit und manchmal auch Willkür des Lebens.

Dazu fällt mir Hape Kerkeling in der Schlussszene seines Filmes „Der Junge muss an die frische Luft." ein:

„Es hat eine Weile gedauert, bis ich es verstehen konnte. Das alles ist es, was ich bin. Ich bin meine Mutter, mein Vater, mein Bruder, meine Großeltern. Ich bin ihr Lachen und ihr Schmerz… Ich bin die Richtung, in die mich meine Mutter im Kinderwagen geschoben hat. Ich bin die gescheckte Kuh auf der Weide, das gelbe Korn auf dem Feld und der rote Mohn am Wegesrand. Ich bin der wolkenlose Himmel. Ich bin wach."

Es tut mir leid

Es tut mir leid, dass ich dich nicht verstanden habe.

Es tut mir leid, dass ich in uns etwas Großes sah, obwohl ich für dich nur ein kleines Licht war.

Es tut mir leid, dass ich uns so viel Bedeutung gab, obwohl dieses Wir kaum Bedeutung in deinem Leben hatte.

Es tut mir leid, dass mein Herz dich so sehr mit Liebe gestreichelt hat, dass du scheinbar wund davon wurdest.

Es tut mir leid, dass ich meine Lovesongs ständig so laut für dich wiederholte, dass du taub dafür wurdest.

Es tut mir leid, dass ich dir von meinen Tränen erzählte, obwohl du mich lieber lachend gesehen hättest.

Es tut mir leid, dass ich zu lange versucht habe, uns als Geschenk zu halten, obwohl du es nie wirklich ganz auspacken wolltest.

Es tut mir auch leid, dass ich dir gegenüber nun wohl eine andere sein werde.

Es tut mir leid, dass du in meinen Augen nicht mehr sehen wirst, wie ich dich sehe.

Es tut mir leid, dass du mein Fühlen nun nicht mehr erkennen und spüren wirst, weil ich es dir nicht mehr zeige.

Es tut mir leid, dass ich dir vielleicht nie wieder so ehrlich und offen begegnen kann, wie wir es einst miteinander taten.

Aber weißt du, was mir nicht leidtut? Kein Moment mit dir - mit uns. Kein übermütiges Lachen, kein lauter Streit, kein stilles Schweigen, keine der liebevollen Berührungen, keine Umarmung, keine Verrücktheit und kein Kuss.

Es tut mir nicht leid, dass ich für uns kämpfte, dass ich meine Liebe zu dir in die Welt schrie, dass ich immer an deiner Seite war, egal, wohin das Leben dich schickte und dass ich dich jederzeit mit allem, was dich ausmacht, ohne Zweifel lieben konnte.

Es tut mir nicht leid, dass ich immer noch hier bei dir stehe, vielleicht etwas anders, aber immer noch bei dir.

Es wird mir nie leidtun, dass du dich auf mich jederzeit verlassen kannst, ganz gleich, wer in dein Leben kommt und geht.

Es tut mir nur so unglaublich leid, dass heute alles anders ist als gestern.

Maskerade

Ich sah, hörte und fand dich in einem Moment, als du laut schriest. Deine Masken erkannte ich sehr schnell und doch ließ ich sie dir alle, denn ich spürte, dass du dich dahinter sicher fühlst. Nein, keine dieser starren Masken glaubte ich dir, sondern sah dahinter etwas Zartes, etwas Liebes. Ich bemerkte eine suchende Seele. Aber alles, was ich in dir fand, behielt ich für mich. Ich sammelte es hinter meinen eigenen Masken; jene, die ich vor dir trug. Meine Masken lachen ständig, sie plappern, sie verstecken zu oft Gefühle und meine Seele hinter bunten Farben.

Und doch hielt ich dir meine Hand hin. Denn für mich warst du es wert. Ja, du hattest für mich einen Wert, den du selbst nicht in dir finden konntest. Ich breitete meine Flügel aus, um dich auf einem gemeinsamen Flug mitzunehmen, obwohl auch meine Flügel viel zu schwach für uns beide waren. Wir stürzten ab.

Du suchtest nach jemandem, der dich in Liebe sieht und annimmt, so wie du hinter deiner Fassade bist. Hast du bemerkt, wie meine lodernde Liebe versuchte, deine Mauern und Masken niederzubrennen? Ich erkannte dich zwar dahinter, aber ich wünschte mir auch, dass du dich selbst erkennst. Das konnte ich nicht schaffen.

Meine Hand hielt dich immer wieder, ohne dich festzuhalten, wenn du blind für mich wurdest und deine Reise und Suche fortsetztest. Du willst Liebe, aber kannst sie nicht sehen und fühlen, wenn sie dir gegenübersteht. Dann drehst du dich um und suchst weiter. Du polierst deine Masken mühevoll auf, um von anderen gesehen zu werden. Du legst dich dort nieder, wo diese Hochglanzfassade bewundert und der oberflächlichen Show deiner Maskerade applaudiert wird.

Ist es so, dass du um dich schlägst, wenn Liebe dir zu nah kommt? Vielleicht war ich zu nah dran. Vielleicht ist es wirklich deine Angst davor, dass jemand das, was dein Innerstes ist, nicht annehmen kann. Aber glaube mir, ich habe all deine Facetten gesehen, erlebt und angenommen. In so verdammt großer Liebe angenommen. Doch dein wehrendes Um-Sich-Schlagen tut weh. Damit du meine Schmerzen nicht siehst, verstecke auch ich mich, genau wie du, immer wieder vor dir.

Für all das, was du nicht sagst, mir nicht zeigst und was du dort draußen gar nicht bist, liebe ich dich. Ich bin es, die immer wieder zwischen deine Worte hört, die die Sprache deiner Augen, deiner Mimik und

Gestik für sich übersetzt und die dir und nicht deiner Show Applaus spendet. Auch dein Zittern und deine Unsicherheiten liebe ich, ohne dass ich dich spüren lasse, dass du ängstlich und unsicher bist. Ich sehe dich einfach nur, meist still und doch so laut.

Aber dein eigenes Schreien nach Liebe ist wohl zu gewaltig, so dass du mein meist schweigendes Rufen nicht hören kannst.

Nein, du bist nicht allein mit deiner Angst, deiner Sehnsucht, deinen Selbstzweifeln und deinem Wunsch nach echter, authentischer Liebe. Ich habe mit enormen Kräften versucht, dich und auch mich aus unseren Verstecken zu befreien und dorthin zu führen. Ich wollte es wirklich.

Wenn du irgendwann von deiner Reise und deiner Suche, die immer wieder an mir vorbei und dabei nie vollständig zu mir führt, müde bist, wenn du immer noch möchtest, dass dich jemand hinter deinen Masken erkennt und dabei jede deiner Schwächen liebt, dann reiche auch du mir deine Hand und halte meine fest. Denn ich möchte ebenso hinter dem Vorhang meiner Showbühne gesehen, erkannt und mit all dem Licht und der Dunkelheit in mir verstanden, angenommen und genau dafür geliebt werden.

Lass uns dann ohne blendende Masken und die Suche beendend begegnen. Irgendwann.

Ich wollte (nicht) allein sein

Vergangener Sonntag. Ich war ziemlich traurig und fühlte mich hilflos. Und ich wollte allein sein. Vielleicht wollte ich auch gar nicht allein sein, aber da war eben niemand außer mir, der mich hätte verstehen können. Ich wollte weinen, mein Gefühl meinen Gedanken zuordnen, mich sortieren und endlich Entscheidungen für mein Herz, meinen Bauch und mich selbst treffen. Ich wollte über all das mit mir selbst reden. Still!

In diese Stille platze am frühen Nachmittag mein Sohn. Da gab es seit einiger Zeit wohl ein paar Meinungsverschiedenheiten mit seiner Frau, die ihn und die junge Ehe sehr belasteten. Auch er war hilflos und verzweifelt. Um sich in Ruhe Gedanken machen zu können, wollte er eine Nacht bei mir bleiben. Einfach mal aus dem ehelichen Drama aussteigen. Er legte mir seine Problematik ausführlich und aufgeregt dar. Als gute Mutti hörte ich zu.

Kurze Zeit später klingelte es erneut an meiner Tür. Mein jüngerer Bruder kam dazu. Was zunächst wie ein spontaner Besuch aussah, entpuppte sich nach dem zweiten Kaffee ebenfalls als Notfall. Ich hörte auch hier zu und half.

Beide Jungs fragten mich zwar nach meinem Befinden, aber als ich davon begann zu erzählen, hatte ich doch das Gefühl, dass ihre eigenen Tragödien für sie höhere Prioritäten hatten.

Zu guter Letzt gesellte sich dann meine Tochter mit meinem Enkelkind noch dazu. Sie war auch allein zuhause und kam mit Kuchen, um dieser scheinbar illustren Runde beizuwohnen.

Da saßen wir nun alle zusammen. Es wurde über Gott und die Welt geredet. Aber weder Gott noch die große Welt interessierten mich. Meine kleine Welt war durcheinander und ich wollte sie doch heute eigentlich mit ein paar Tränen bewässern und anschließend radikal aufräumen. Sie lachten. Sie erzählten. Zwischendurch ging mal wieder jemand in meine Küche mit: „Ich mach mir mal noch einen Tee." Ich saß dazwischen und nickte nur. „Ja, mach dir mal noch einen Tee."

Etwas lauter und ungehalten wurde ich, als meine kleine Enkeltochter Teile ihres Holzpuzzles in einer halbvollen Teetasse versenkte und scheinbar alle, außer mir, Spaß daran hatten. Meine Tochter verdrehte die Augen. „Oh Mutti, hast du gerade eine scheiß Nachricht auf deinem Handy bekommen, oder was ist mir dir los?" Ja, ich hatte eine Nachricht bekommen und sie brachte den großen Topf meines

Durcheinanders gerade zum Brodeln. Ich wollte allein sein und diese Suppe in mir drin auslöffeln oder wegschütten. Aber alle anderen wollten etwas von mir, wozu ich gerade heute nicht in der Lage war. Meine Zeit, mein Verständnis, meine Hilfe, meine Aufmerksamkeit und sogar noch gute Laune.

Meine Tochter ging, als die Abendbrotzeit für ihre kleine Maus heranrückte. Mein Bruder ging, als er bekommen hatte, was er brauchte. Mein Sohn ging als Letzter, nachdem er per Handy ein paar Nachrichten mit seiner Frau ausgetauscht und dann wohl doch Heimweh bekommen hatte. Er verzichtete auf die Nacht in meinem Gästezimmer.

Plötzlich war Ruhe. Die Stille, die ich mir seit Stunden gewünscht hatte. Da saß ich nun, hatte die Probleme der anderen gehört, mit Ratschlägen kommentiert und jedem die individuelle Hilfe gegeben, die er gerade gebraucht hatte. Aber wo war ich an diesem Nachmittag geblieben? Ich hatte funktioniert. So funktioniert, wie eine verständnisvolle Schwester und Mutter zu funktionieren hat. Ja, ich hatte einige Sätze zu meinem Gedanken- und Gefühlswirrwarr gesagt, aber interessiert haben sie wohl niemanden. Wahrscheinlich wurden sie gar nicht wahrgenommen. Denn bis heute hat niemand nachgefragt.

Mein bester Freund, dem ich davon erzählte, meinte, dass es doch ein schönes Gefühl sein müsse, wenn man immer wieder für jeden, der Sorgen hat, Anlaufpunkt sei. Nein, das ist es nicht! Auf meiner Stirn steht nicht: Ich bin die Lösung all deiner Probleme. Ich bin nicht Mutter Theresa und will es auch nicht sein. Wenn ich selbst stabil und ausgeglichen bin, ist es keine Frage, dass ich helfe, wenn man meine Hilfe braucht. Aber sorry, am Sonntag war ich mal nicht für alle stark, nicht mal für mich selbst. Ich war schwach und brach irgendwie unter der Last, Entscheidungen für mich treffen zu müssen, Ordnung in meine Gedanken und unsortierten Gefühle zu bringen, zusammen. Innerlich. Vielleicht hätte es jemand sehen können, wenn er genauer hingeschaut, vielleicht einmal mehr gefragt oder einen Moment länger zugehört hätte, statt mir Vorwürfe zu machen, weil ich genervt auf dieses Gewusel in meiner Wohnung reagierte.

Es ist an der Zeit, das Wort Nein in meinen Sprachgebrauch aufzunehmen. Meine Tür muss auch mal verschlossen bleiben, wenn ich dahinter gerade mein eigenes Drama bewältige. Ich denke, es ist an der Zeit, das zu lernen.

Ich wollte Sonntag allein sein. Vielleicht wollte ich aber ja gar nicht allein sein. Und doch blieb ich am Ende allein.

Allein unter Menschen, weil meine Stille niemand hören, sehen und verstehen konnte.

Tränen einer Mutter

Wir Mütter stecken wohl immer in Selbstzweifeln. Sind unsere Kinder klein, fragen wir uns, ob wir sie auch gut genug auf das Leben vorbereiten. Sind sie erwachsen, hinterfragen wir, ob wir vielleicht doch etwas falsch gemacht und auf mancher Linie versagt haben. So ging es viele Jahre auch mir.

Mein Sohn steckte mitten in der Pubertät, als er mir „entglitt". Ein paar Jahre vorher hatte ich mich von seinem Vater getrennt, einem Alkoholiker. Ich hatte es auch für meine Kinder getan. Es war schwer, nun Mutter und auch Vater für ihn zu sein. Irgendwann mit 14/15 Jahren hatte mein Sohn keine Lust mehr auf die Schule. Und wenn er doch für ein paar Stunden dorthin ging, betrank er sich manchmal vorher mit anderen. Irgendwann kam ein Mädchen ins Spiel, in einer anderen Stadt. Nun war gar nicht mehr an Schule und Familie zu denken. Er fuhr hin und her, so wie es ihm gefiel und ich bekam die Briefe der Deutschen Bahn mit den Geldstrafen fürs Schwarzfahren. Mein Junge kam und ging, wann er wollte. Die Schule verließ er ohne Abschluss. Für dieses Leben, welches er führte, brauchte er Geld. Ich konnte seine Reisen und den Alkohol, an dem er scheinbar Geschmack gefunden hatte, nicht finanzieren.

Wir lebten zu der Zeit von Sozialleistungen. Hiervon legte ich jedoch jede 2-Euro-Münze beiseite. Zu Weihnachten konnte ich so den Kindern Geschenke, Festtagsessen und einen Tannenbaum bieten. Aber eines Tages kam ich nach Hause und mein Sohn hatte auch meine Reserven geplündert. Damit war er auf und davon. Ich war so wahnsinnig enttäuscht. In dieser Zeit stritten wir ständig. Die Türen flogen, wir schrien uns böse Worte zu und ich weinte sehr viel. Ich hatte so große Angst um meinen Jungen, war hilf- und ratlos. Was sollte aus ihm werden? Wohin führte sein Weg?

In meiner größten Verzweiflung holte ich mir Hilfe. Diese Hilfe sah vor, dass mein Sohn die Stadt verließ und unter der Obhut der Behörden eine eigene Wohnung in der Fremde bezog. Das warf mich zu Boden. Wie sollte ich ihm dort helfen und vielleicht doch noch auf den richtigen Weg bringen können? Wie sollte ich nun erfahren, wie es ihm geht? Was würde mit meinem kleinen Jungen geschehen? Es fühlte sich an, als wenn man mir einen Teil meines Körpers abriss. Aber er ging. Heute behaupte ich, dass es das Beste war, was uns beiden passieren konnte.

Ich weinte endlich weniger und ging abends wieder ohne den Wunsch, morgens nicht mehr aufwachen zu müssen, ins Bett. Ich besuchte meinen Sohn manchmal. Musste ihn aber auch wieder allein lassen. Das fiel mir immer noch sehr schwer.

Mein Junge begann dort, wo er nun war, Musik zu machen. Er entpuppte sich als begeisterter Rapper. Auch, wenn diese Musikrichtung nicht meine war, freute ich mich, dass er etwas gefunden hatte, was ihm Freude machte. Bei einem seiner Besuche zuhause, schenkte er mir eine CD. Er bestand allerdings darauf, dass ich sie erst höre, wenn er wieder fort ist. Das tat ich. Es war ein Rap für mich. Mein Junge entschuldigte sich darin für die schwere Zeit, die wir hatten. Zeilen wie „Ich möchte dich nie wieder in der Küche weinen sehen. Möchte mit dir als Mutter und Sohn durchs Leben gehen." „Es tut mir leid. Es war nicht so gemeint..." berührten mich und schon weinte ich wieder wegen meines Kindes. Diesmal nur anders. Sein „Wenn ich eines Tages viel Geld habe, werde ich dir deine Wünsche erfüllen." zauberte mir dabei aber auch ein Lächeln ins Gesicht.

Mein Sohn kam irgendwann zurück. Er hatte das Leben und auch die Liebe in der anderen Stadt nicht geschafft. Wieder war er gefallen. Ich erlaubte ihm, erneut bei mir zu wohnen, allerdings nur, wenn und bis er seinen Schulabschluss nachholte. Es begannen wieder Reibereien, Streits und laute Meinungsverschiedenheiten. Aber ich hielt durch und er auch. Als er den Schulabschluss auf dem

Papier hatte, suchte ich ihm sofort eine Wohnung. Ohne, dass er sie selbst gesehen hatte, unterschrieb er den Mietvertrag. Ich warf ihn quasi raus.

Von nun an, ließ ich ihm sein Leben. Natürlich war ich da, wenn er Hilfe brauchte. Ich gab ihm Unterstützung und Rat. Nur leben, dass musste er jetzt allein hinbekommen.

Mein Sohn ist mittlerweile verheiratet und hat seine eigene kleine Familie. Nein, beständig ist sein Leben immer noch nicht. Aber seine Musik ist ihm geblieben. Musik, in der er immer noch jene Zeiten beschreibt, in denen er mutig und allein drauflos ging, in denen er aber auch hart fiel und Wunden davontrug.

Ich habe mich oft gefragt, an welcher Stelle ich versagt habe. Was hatte gefehlt, dass wir beide diesen schwierigen Weg gehen und dabei ganz unterschiedlich Kummer, Schmerz und Ohnmacht erfahren mussten? Was hätte ich anders machen können? Vielleicht nichts. Vielleicht alles. Nur eines konnte ich immer wieder tun. An seiner Seite bleiben. Er wusste und weiß, dass ich da bin, auch, wenn ich nicht alle seine Wege befürworte. Ich denke, wir müssen unseren Kindern ihre eigenen Erfahrungen zugestehen, auch wenn uns ihre Entscheidungen manchmal nicht gefallen oder sogar weh tun. Dabei sollten sie aber stets wissen, dass sie immer nach Hause kommen können, wenn sie sich verlaufen haben.

Vergangene Weihnachten bekam ich ein Geschenk von meinem Sohn. In einem ausgehöhlten Buch lag eine kleine bunte Tüte. Darin befand sich Geld, viel Geld. Dabei lag eine kleine Karte.

„Liebe Mutti, es ist der Zeitpunkt gekommen, an dem du deine Geschichten erzählst, deine Gedanken, Gefühle und alles, was dir auf dem Herzen liegt. All das, was du mit vielen Menschen im Internet bereits teilst. Du hast Jenny und mich großgezogen. Deine Wünsche und Träume sind dabei immer auf der Strecke geblieben, um uns unsere zu erfüllen. Du hast viel zu lange wegen uns zurückgesteckt. Dafür sind wir dir auf ewig dankbar. Dankbar dafür, dass du uns all deine Lebenskraft, Erfahrung und Liebe mit auf den Weg gegeben hast. Es ist das Mindeste, dass wir dich jetzt dabei begleiten, deine Träume und Wünsche zu erfüllen. Du hast mir vor einiger Zeit erzählt, dass du ein Buch veröffentlichen willst, worauf ich als Sohn mächtig stolz bin. Nutze den Inhalt in diesem Umschlag für deine Träume und starte mit deinem ersten Buch so richtig durch. Ich wünsche dir, dass es ein Buch wird, mit dem du viele Menschen erreichst und berührst. Ich hab dich lieb."

Mein Sohn finanzierte mir mit seinem Geschenk den Vertrag mit einem Verlag. Er ermöglichte mir damit Werbemaßnahmen für mein erstes Buch, für meinen größten Traum. Als ich die Zeilen las, erinnerte ich mich an seinen damaligen Mutti-Rap. Daran, dass er mir irgendwann meine Wünsche erfüllen würde.

Weihnachten musste ich wieder wegen meines Sohnes weinen. Aber es waren diesmal keine Tränen der Sorge und der Angst. Es waren Tränen der Liebe und Ergriffenheit, der Dankbarkeit für zwei wundervolle Kinder. Und es waren Tränen der Erleichterung, die all meine Selbstzweifel wegspülten. Denn vielleicht hatte ich gar nichts verkehrt gemacht.

Vielleicht brauchte es einfach nur verdammt viel Zeit, um uns gegenseitig zu verstehen und zu verzeihen.

Ich bleibe und ich gehe

Ich bleibe bei dir, um dein Lachen mit meinem zusammen noch schriller klingen zu lassen.

Ich bleibe, um mit dir in deinen Tränen zu baden.

Ich bleibe, um dich in deiner Freude und deinem Übermut zu begleiten.

Ich bleibe, um deine Ideen und Träume mitzutragen.

Ich bleibe, um dir am Ausgang des Labyrinths zu winken, falls du dich verlaufen hast.

Ich bleibe, um deine Ängste ernst zu nehmen.

Ich bleibe, wenn du dich selbst im Spiegel nicht mehr erkennst, um dir zu zeigen, wie schön du bist.

Ich bleibe, wenn du die Welt aus den Angeln heben möchtest, damit sie für dich allein nicht zu schwer wird.

Ich bleibe, wenn sie Steine nach dir und somit auch nach mir werfen, damit sie dich nicht erschlagen.

Ich bleibe auch, wenn du mich belügst, damit du durch mich wieder Ehrlichkeit erfährst.

Ich bleibe, wenn du hilflos und wütend um dich schlägst, damit ich dir ein Pflaster reichen kann, falls du dich dabei selbst verletzt.

Ich bleibe auch dann noch weinend hier stehen, wenn du dich wegdrehst und gehst, damit du mich wiederfindest, falls du dich erinnerst und noch einmal umschaust.

Ich bleibe, damit in aller Unbeständigkeit des Lebens jemand für dich beständig bleibt. Ich bleibe dann, wenn dir nichts mehr bleibt.

Ich bleibe, um dich zu lieben.

Was, wenn ich aber doch eines Tages gehen muss?

Vielleicht gehe ich dann, wenn ich dich nicht mehr erreichen und berühren kann.

Ich gehe, wenn du mich nicht mehr erkennst, weil deine Augen ständig woanders etwas suchen.

Ich gehe, wenn sich Tiefe und Vertrauen in Oberflächlichkeiten verlieren.

Ich gehe, wenn ich dich nicht mehr spüren kann, wenn ich neben dir friere.

Ich gehe, wenn ich in meiner Liebe verbrenne.

Ich gehe, wenn du mit meinem Herzen und meiner Seele gleichgültig spielst, weil mein Bleiben für dich zur Selbstverständlichkeit geworden ist.

Ich gehe dann, wenn du nicht damit rechnest.

Nein, ich gehe nicht mit Paukenschlag und Fanfarenzug. Ich werde keine Dramen kreieren. Ich gehe leise, werde mich still von dir entfernen. Selbst, wenn du mich noch sehen kannst, bin ich womöglich schon weit weg.

Vielleicht will ich dann aber gar nicht gehen, sondern laufe nur vor meinem eigenen Gefühl und meinen Gedanken davon.

Bitte schau nach mir, sieh noch einmal hin. Lass nicht zu, dass ich gehen muss, damit etwas bleibt.

Dass ich gehen muss, um dich zu lieben.

Hanna und Hugo

Ich durfte vor kurzem dem Dialog zweier Kinder lauschen. Meine Kollegin spielte mir drei kurze Sprachnachrichten vor, welche die kleinen Würmer über die Handys ihrer Mütter ausgetauscht hatten. Hanna und Hugo sind sechs Jahre alt und besuchen dieselbe erste Klasse einer Grundschule.

Der kleine Hugo: „Hallo Hanna, ich bin's, Hugo. Ich bin hier gerade auf der Couch und esse mit Mama Pralinen. Ich finde dich toll. Du bist cool. Gute Nacht. Ich lieb dich." (mit Luftküssen)

Die kleine Hanna daraufhin: „Hallo Hugo, danke für die schöne Nachricht. Tschüss. Ich hab dich auch lieb."

Dann wieder Hugo, etwas leiser und hörbar gerührt: „Danke Hanna, dass du das gesagt hast. Tschüss."

Ich gebe zu, mir schoss beim Hören dieser süßen, piepsigen Stimmen das Wasser in die Augen, denn der kurze Austausch der Kinder traf mich mitten ins Herz. Zwei Sechsjährige sagten sich einfach, dass sie sich gernhatten, ohne Angst, ohne Zweifel und ohne Erwartungen. Sie sprachen aus, was sie füreinander fühlten und sie erinnerten mich ein wenig an mich.

Ich bin auch so eine kleine Hanna. Wenn ich jemanden gernhabe, dann sag ich es ihm. Dabei erwarte ich noch nicht einmal, dass mir dieselben Worte entgegengebracht werden. Ich möchte dann nur, dass der andere nicht rätseln oder vermuten muss, was ich für ihn empfinde. Er soll sich sicher sein und auf meine Liebe verlassen können. In mir steckt auch jene kleine Hanna, die sich nicht zu schade ist, einem anderen Menschen zu danken. Dafür zu danken, dass er mich mag, dass er mich respektiert und wertschätzt, dafür, dass er in meinem Leben und meinem Herzen einen Platz eingenommen hat.

Während das kleine Mädchen in mir, ihrem Gegenüber oft unbedacht und ehrlich die eigenen Gefühle entgegenschleudert, fängt sich die erwachsene Frau dafür so manches Mal verbale oder emotionale Ohrfeigen ein. Da diese sehr weh tun können, habe ich schon oft versucht, mich zurückzuhalten. Ich habe gelernt, mich selbst zu zügeln und hinter den unterschiedlichsten Masken zu verstecken. Meine sicherste Maske sind Sarkasmus und viel blöd- und unsinniges Gerede. Da ist dann nämlich kein Platz für Gefühle und somit auch keine Angriffsfläche für die Ohrfeigen. Ich beherrsche dieses Spiel mittlerweile sehr gut, allerdings nie auf Dauer. Irgendwann bricht die Liebe, welche ich für jemanden in mir spüre, immer wieder aus mir heraus. Sie sprengt meine sämtlichen Verstecke und fasst dann das Gefühl in Worte, um einen anderen Menschen damit zu streicheln.

Vielleicht hat man sich im Laufe meines Lebens schon oft in meinem „Ich hab dich lieb" ausgeruht. Vielleicht hat man es auch missbraucht und ausgenutzt. Vielleicht hat man mich dafür ausgelacht oder sogar bedauert. Aber ich kann letztendlich nicht aus meiner Haut. Ich schaffe es nicht, die kleine Hanna in mir, die sagen will, was sie fühlt, auf lange Zeit zu verstecken.

Und auch, wenn ich mein Gefühl und meine Liebe wahrscheinlich immer wieder erwartungslos und aufrichtig wie ein Kind in Worten verschenken werde, wünschte ich mir neulich beim Hören der drei Nachrichten zweier Sechsjähriger, dass irgendwann in meinem Leben auch ein Mann den kleinen Hugo in sich sprechen lassen kann. Jenen kleinen Hugo, der mein Gefühl und meine Worte schätzt und behutsam hält, der sich traut, auf mein „Ich hab dich lieb." ehrlich zu erwidern:

„Danke. Danke, dass du mir das gesagt hast."

Meine Seifenblasen-Welt

Ich bin täglich in dieser Welt unterwegs. Jeden Tag gehe ich arbeiten, verbringe über acht Stunden davon mit Kollegen. Ich treffe Familie, Freunde und lerne neue Menschen kennen. Scheinbar bin ich hier sehr gut integriert. Aber es ist eben nur Schein, denn tatsächlich lebe ich in meiner eigenen Welt. Diese ist anders, so viel kleiner und beherbergt höchstens zwei Handvoll Menschen, die ich wirklich darin mit leben lasse.

Meine kleine Welt ist schwer zu beschreiben oder zu erklären. Sie gleicht einer Seifenblase, in der ich sitze und nach draußen schaue. Dieses Draußen hat kaum eine Chance, mich zu erreichen, selbst, wenn Stürme mich durch die Gegend schleudern. Hier ist kein Platz für großes Weltgeschehen oder -retten, für Fernseher, Nachrichten oder Werbung. Ich kann aus meiner Seifenblase nicht weit schauen. Aber das will ich auch gar nicht mehr. Mir ist nur wichtig, was in dieser hauchdünnen, verschlossenen Kugel, was mit mir und den Menschen, die ich hierher eingeladen habe, passiert. Dieses glasklare Gebilde mag klein erscheinen, und doch ist hier so viel Raum für Gefühl und Gedanken.

Nein, es ist in meinem Zuhause nicht immer nur gemütlich und schön. In dieser Seifenblase bin ich mit mir und allem, was mich ausmacht meist allein. Ich lasse mich in ihr treiben, ohne Einfluss darauf zu haben, in welche Richtung sie mich trägt. Das bedeutet, dass ich immer den Moment, in welchem ich mich gerade befinde, sehe und fühle, meist ungeplant. Er darf einfach kommen, um von mir intensiv wahrgenommen zu werden. Nichts von der verrückten Welt dort draußen findet hier Einlass und kann mich davon ablenken. Deshalb wechseln sich wahrscheinlich ausgelassene Fröhlichkeit und tiefe Traurigkeit manchmal in einem sehr kleinen Zeitfenster ab.

Habe ich eben noch mit dir gelacht, kann ich danach sofort weinen. Vielleicht, weil unser Spaß oder deine Worte, denen ich so aufmerksam zuhörte, mich berührten. Vielleicht weil du als Mensch dich in mein Herz geschlichen hast. Aber dann sind es eben Lachen und Tränen der Liebe.

Habe ich mich gerade noch auf den Sonnenuntergang oder den Blick aufs Meer gefreut, kann mich dieser Anblick im nächsten Moment so weit öffnen und das Staunen darüber mich so ergriffen machen, dass ein paar Tränen fließen. Vielleicht, weil diese Wunder für mich noch nicht selbstverständlich geworden und deshalb so unglaublich wertvoll sind. Dann sind es Lächeln und Tränen der Fassungslosigkeit.

Ich kann mich ungehalten in Euphorie und Hoffnung verzetteln, um plötzlich enttäuscht zu Boden gerissen zu werden. Dann bleibt es ein Beweinen des Schmerzes, der mich gerade verbrennt.

Es sind nie die großen Dinge, die mich verzaubern. Ich freue mich so ehrlich und aufrichtig über kleine Gesten, Aufmerksamkeiten, Überraschungen oder Wertschätzungen und weine, wenn andere diese als nichtig und belanglos abtun. Ich kann das nicht verstehen, denn in meiner kleinen Welt erscheinen sie doch als etwas Großes. Dann sind es Freude und Tränen der Dankbarkeit aber auch des Unverständnisses.

Natürlich gibt es dort draußen Menschen, die es gut mit mir meinen. Sie wollen mich aus meiner kleinen Welt befreien. Sie möchten nicht, dass ich zu hoch fliege und danach so wahnsinnig tief falle. Ich werde beratschlagt und belehrt, wie ich die Balance über meine Gefühle und Emotionen wiedererlange. Eigentlich soll ich sein wie sie. Aber das würde bedeuten, dass ich wieder von dem Sog der Schnelllebig-, Gleichgültig- und Oberflächlichkeit mitgerissen werde. Will ich das?

Gestern sagte jemand zu mir: „Dana, bewahre dir deine kleine Welt." Ich antwortete, dass ich es dort drin manchmal mit mir selbst nicht leicht habe und mir an manchen Tagen wünsche, wieder der Ablenkung durch die Dramatik und den Lärm dort draußen zu erliegen, damit ich meine Gefühle nicht so stark fühle und meine Gedanken nicht zu weit denke, damit ich meine Liebe wieder begrenze und den Verstand über das Herz stellen kann.

Aber vielleicht ist es dafür zu spät. Mein bester Freund sagte mal zu mir: „Du hast den Point of No Return überschritten. Nun gibt es kein Zurück mehr in deine alte Welt."

Und wer weiß, vielleicht ist es gut, so wie es ist. Vielleicht ist meine kleine total unbeständige Welt gut genug für mich und dadurch riesengroß für zwei Handvoll Menschen, die durch den begrenzten Raum von mir gesehen werden und somit meine uneingeschränkte Liebe, die ehrlichste Freundschaft, die größte Wertschätzung und die stärksten Gefühle erfahren dürfen, weil meine Seifenblase eben sehr klein ist und mein Blick sich auf sie und das Schöne darin beschränkt, unbeeindruckt von den Worten und Ratschlägen der lauten irrsinnigen Welt dort draußen. Dafür aber beeindruckt und gefesselt von der Schönheit, Eigen- und Einzigartigkeit eines jeden Moments, selbst, wenn er nie bleibt.

Liebes Meer

Ich bin wieder hier bei dir. Hatte dich so sehr vermisst. Eigentlich vermisse ich dich immer, wenn wir nicht beieinander sind. Ich steh ganz nah vor dir und du begrüßt mich mit einem Kuss deiner Wellen auf meine Stiefelspitzen. Wie du siehst, bin ich wieder allein zu dir gekommen. Immer noch allein. Vielleicht ist es gut so, denn dann haben wir Zeit für uns.

Du bist der Ort, der mich atmen lässt, selbst, wenn der Rest der Welt gerade den Atem anhält. Hier muss ich nicht reden und erklären. Du verstehst mein Schweigen und hörst die Stimme meiner Gedanken. Ich bin hier, damit du mir hilfst, sie zu sortieren, eventuell auch auszusortieren. Du bist der Freund, welcher mich mit seinem Wind umarmt und hält, wenn mich Gefühle zerreißen, ohne sie mir zu nehmen. Dein Rauschen ist die Antwort auf meine Fragen, über welchen mit kreischendem Gesang die Möwen kreisen.

In dieser kalten Jahreszeit ist es hier so wunderbar still und leer. Nur du und ich. Bei dir braucht es keine Zeit, denn diese bleibt gerade einfach stehen. Deine Weite gibt meinem winzigen, begrenzten Leben so viel Raum, der mir in der Enge und Beschränktheit des Alltags manchmal fehlt. Raum für alles, was ich bin und wie ich bin. Bis nach dort hinten, wo du den Himmel berührst, ist Platz für meine Ideen, Träume und Wünsche. Dazwischen ist nichts, was all das aufhalten könnte. Deine Wellen kommen mir entgegen und reißen mich trotzdem nicht mit sich, wenn sie sich wieder zurückziehen. Sie lassen mich sein. Und es erfüllt mich mit Freude, zu wissen, dass du auch dann noch sein wirst, wenn ich nicht mehr bin.

Ja, ich kam wieder allein zu dir. Du flüsterst leise ein Warum? Nein, ich belüge dich und mich nicht. Bestimmt bin ich nicht gerne allein. Aber ich kann dir nicht mit jemandem gegenübertreten, der dich nicht mit meinen Augen sehen kann. Ich will das Gefühl von Lebendigkeit und Liebe, was mich hier durchströmt, nicht jemandem erklären müssen, dessen Herz es nicht selbst bemerkt. Ich möchte deine Kraft und Größe nicht durch sinnlose Worte und Gespräche zerreden.

Und trotzdem verspreche dir, dass ich eines Tages mit jemandem hier vor dir stehen werde, der einfach nur so ist, wie du. Mit jemandem, der mir unendlichen Raum und Weite für meine Spinnereien, meine Liebe und meine Träume gibt. Jemand, der mich tragen und ertragen kann, wenn ich orientierungslos und durcheinander bin. Jemand, der mich in Freude umarmt, wenn ich mich selbst nicht leiden mag. Jemand, der mich wie du küsst, nur, weil ich da bin, ohne etwas sein zu müssen. Ich werde mit einem Menschen zu dir kommen, der mit mir zusammen vor Übermut und Ausgelassenheit Wellen schlagen kann, ohne mich mit sich ziehen zu wollen, der mir lediglich durch sein Dasein hilft, mich zu ordnen.

Ich werde warten, bis jemand mit dem Sturm seiner Liebe mein Haar zerzaust, mit seinem salzigen Atem mich atemlos werden lässt und der sich bei mir und dir gut aufgehoben fühlt, ohne dass ich dafür irgendetwas tun muss. So, wie auch du nichts dafür tun musst. Einfach nur, weil ich da bin, in Liebe und Begeisterung zu ihm, so wie zu dir.

Dann, wenn jemand all die Momente meiner Gezeiten, Unwuchten, aber auch die des stillen Dahinplätscherns lieben und mit einem Lächeln nehmen kann, werde ich wiederkommen.

Ich komme zurück, damit du zwei Paar Stiefelspitzen und zwei Herzen mit dem gleichmäßigen Raunen deiner Wellen begrüßen und dabei voller Kraft küssen kannst.

Endzeitstimmung

Ich war kurz weg. Bin in eine kurze Auszeit geflüchtet. Mein Weg führte ans Meer, um mir den Kopf durch- und wirre Gedanken wegblasen zu lassen. Auf dem Weg dorthin erfuhr ich von meiner Schwester Dinge, die bisher an mir vorbeigegangen waren. Zur Erinnerung. Ich sehe nicht fern, besitze kein Radio und lese keine Zeitungen. Sollten wirklich wichtige Ereignisse die große Welt dort draußen erschüttern, erfahre ich meist schon irgendwie davon, durch Kollegen, Freunde oder eben meine Schwester.

Dass wieder mal ein Virus umgeht, war auch mir nicht entgangen, aber scheinbar seine Ausmaße. Ausmaße nicht in Bezug auf seine Ausbreitung, vielmehr auf die Psyche und das Tun der Menschen Während ich unbedacht im Auto voller Vorfreude bereits die Nase Richtung Meer streckte, erzählte meine Schwester mir gruselige Geschichten, die mir ein Bild von Endzeitstimmung vor Augen zauberten. Sie berichtete von Begebenheiten während eines Einkaufes in ihrem Supermarkt um die Ecke. Da war die Rede von Bevorratung durch Hamsterkäufe. Ich erfuhr, dass in manchen Geschäften Lebensmittel und Mineralwasser rar wurden, dass Desinfektionsmittel zurzeit wohl nicht mehr erhältlich sind und in Drogeriemärkten sogar Duschbad ausverkauft ist.

Während ich gestern einen meiner Texte im Social Media hochlud, tauchte in meiner Timeline eine Warnung der Klinik meiner Heimatstadt auf. Wortlaut: „Wenn Sie unter grippalen Beschwerden leiden: Gliederschmerzen, Unwohlsein – mit Husten oder Luftnot... Betreten Sie bitte nicht das Krankenhaus..."

Mit dieser Flut an Neuigkeiten spazierte ich nun seelenruhig am Ostseestrand lang. Ich hatte einige dieser Informationen nicht verstanden. Man schafft sich also einen Vorrat an Wasser, Lebensmitteln und sogar Duschbad an, für den Fall, dass man eventuell unter Quarantäne gestellt wird? Es wird sich scheinbar en masse mit billigen Desinfektionsmitteln aus DM und Rossmann eingerieben, die zwar bekanntlich einige Bakterien beseitigen, aber Viren wohl kaum ausknocken können. Ich darf plötzlich nicht mehr ins Krankenhaus, wenn ich krank bin? Was geschieht gerade? Sind alle anderen verrückt geworden oder ich, durch meine permanente Unwissenheit über das Weltgeschehen?

Nun wurde mir klar, weshalb eine Kollegin am Donnerstag vorschlug, kommende Woche eine große Flasche Desinfektionsmittel ins Büro mitzubringen. Aber was nützt es mir, wenn ich in der Mittagspause im benachbarten Lidl den Einkaufswagen anfasse und mir anschließend das dort gekaufte Brötchen ohne Einweghandschuhe in den Mund schiebe? Wie schütze ich mich im Bus, wenn ich morgens zur Arbeit fahre? Wie verfahre ich mit der Klientel, welche ständig unsere Kanzlei betritt? Wird man mich nun meiden oder gar wegsperren, weil ich ständig aufgrund trockener Heizungsluft und Reaktion auf Staub huste?

Ich erschrak bei den Fragen in meinem Kopf ein wenig vor mir selbst, denn in mir kamen trotz dieses Inputs durch meine Schwester weder Unruhe, Besorgnis oder gar Angst auf. Unverständnis und Kopfschütteln vielleicht, aber keine Panik. Während Supermärkte leergekauft, Drogeriemärkte geplündert und Apotheken ihren Vorrat an Mundschutz loswurden, ließ ich mir die Sonne ins Gesicht scheinen, wagte mich Ende Februar mit den Füßen in die kalte Ostsee und das Meeresrauschen wurde zum Background für Bruce Springsteen in meinen Kopfhörern.

Ich selbst lass mir keine Angst machen. Vielleicht macht mir aber die Angst der Menschen Angst, welche unüberlegt und unbedacht ausgelebt wird. Angst ist Folter und die Medien sind für mich die dazugehörigen barbarischen Folterinstrumente. Deshalb meide ich sie. Angst beschäftigt und sie ist eine ergiebige Goldgrube für jene, die sie schüren.

Ich habe zur Kenntnis genommen, dass es diesen Virus gibt. Ich habe auch verstanden, dass ich mich damit infizieren kann. Aber ich habe jetzt gerade keine Angst davor, mich dann, wenn ich erkranke, auf mein Sofa zurückzuziehen, vielleicht ein paar letzte Worte in meinen Laptop zu tippen, bevor ich verhungere oder verdurste, weil die Supermärkte bereits von den Ängstlichen leergekauft wurden und weil ich krank dann ohnehin keine Klinik mehr betreten darf. Wie verrückt!

Stillstand

Heute früh lag ich bei geöffnetem Fenster wach im Bett. Ich stand nicht auf, sondern blieb eine Weile einfach so liegen. Es war irgendwo zwischen 8.00 und 8.30 Uhr. An einem normalen Samstagmorgen höre ich um diese Uhrzeit sonst bereits Kinder, Stimmen der Nachbarn, Schritte, die zum nächsten Supermarkt tippeln und eine Menge Autos auf dem Weg in die Einkaufscentren.

Aber heute früh hörte ich nichts, außer Vögel. Sie schienen lauter als sonst in der Morgensonne ihren Gesang zum Besten zu geben. Ich lag einfach da und genoss dieses Aufwachen.

Noch vor einigen Tagen brach ich unter der Flut dessen, was auf mich einstürzte, fast zusammen. Es war für mich kaum auszuhalten. Bei der Arbeit im Büro waren die Ängste und Sorgen der Kollegen zu fühlen, wahrscheinlich auch meine. Die Meldungen der Medien taten ihr Übriges, denn irgendwann war es auch mir nicht mehr möglich, dem zu entkommen. Ich wusste nicht mehr, wem und was ich glauben sollte.

Und dann war da der Moment, als ich auf den (zu dem Zeitpunkt noch nicht abgesperrten) winzigen Spielplatz hinter meinem Haus kam. Dort saß meine

Tochter ganz allein mit ihrer einjährigen Tochter. Sie hatte sich für diesen kleinen Sandkasten entschieden, da sie den Kontakt zu anderen Kindern und Eltern vermeiden wollte. Als ich vor meiner kleinen Enkeltochter stand, hielt sie mir ihre Ärmchen entgegen und lachte mich an. Ich sollte sie auf den Arm nehmen. Aber ich konnte nicht. Da waren die Meldungen in meinem Kopf, dass Großeltern sich in Acht vor ihren Enkelkindern nehmen müssten, da diese oftmals als Wirt für diesen verdammten Virus dienen. Ich stand erstarrt vor der kleinen Maus und ging keinen Schritt auf sie zu. Es fühlte sich fürchterlich an. Und dann sagte sie: „...ma" (das O vergisst sie manchmal noch) und krabbelte auf mich zu, um mir dann vor meinen Füßen erneut ihre Arme entgegenzustrecken. Ich musste sie einfach hochheben und drücken, auch wenn ich das Knuddeln und Knutschen diesmal wegließ.

An diesem Abend war die gesamte Situation für mich nicht mehr auszuhalten. Ich saß zuhause und weinte fürchterlich. Ich fragte mich, was da mit mir geschieht. Bisher hatte ich keine Angst und nun wurde ich scheinbar von ihr eingeholt. Dazu machten mir auch die Menschen Angst, die vom Parkplatz der Supermärkte mit großen Autos ihre riesigen Vorratseinkäufe wegschafften, ohne an jene zu denken, die nur kleine Tüten tragen bzw. mit ihrem

Rollator transportieren konnten. So viel Gleichgültigkeit verursachte zusätzlich Fassungslosigkeit und auch Traurigkeit in mir. Ich musste mich irgendwie aus dem unguten Gefühl und der beginnenden Angst selbst befreien.

Zunächst begab ich mich eigenmächtig ins Homeoffice, bevor mein Chef von seiner Dienstreise aus einem eindeutigen Risikogebiet fröhlich zurück ins Büro spazierte. Ich hab ihn vorher nicht gefragt und bin mir sicher, dass noch eine dementsprechende Aussprache bevorsteht. Meiner Tochter habe ich meine Bedenken mitgeteilt und wir treffen uns gemeinsam mit meiner kleinen Enkeltochter nur noch per Videotelefonie zum Reden und Lachen. Mein bester Freund wollte sich mit mir verabreden und ich habe ihm abgesagt. Im Moment habe ich nur einen einzigen Menschen in meiner Nähe, der meine Bedenken und Sorgen erträgt und mir ein wenig Normalität und Spaß in dieser verrückten Zeit bringt. Tatsächlich habe auch ich mir jetzt das erste Mal in der Apotheke Desinfektionsmittel besorgt. Allerdings nicht aus Angst um mich, sondern um diesen Menschen, der gerade für mich da ist, zu schützen.

Nun lag ich heute früh im Bett und ließ mich vom friedlichen Singen der Vögel berühren. Es ist still geworden. Überall. Auch in mir drin haben sich die

Wogen wieder geglättet. Die Welt scheint stillzustehen. Sie wurde auf null gesetzt. Doch genau dieses Innehalten lässt mich wieder atmen und zur Ruhe kommen. Vielleicht fühle ich mich der Situation immer noch etwas ohnmächtig und hilflos ausgeliefert. Aber sie macht mir keine Angst mehr. Sie zeigt mir eigentlich nur erneut, dass wir das Leben weder kontrollieren noch lenken können, egal, wie sehr wir uns bemühen.

Und wenn wir dessen natürlichen Lauf und Sinn durch zu viel Unsinn ignorieren oder vergessen, wird sich dieses Leben in Erinnerung bringen, so wie jetzt, auf radikale Art und Weise.

Von Liebe, Social Network und so

Mit unserer sogenannten Liebe werfen wir verbal ziemlich unbedacht um uns. Wir behaupten ständig, dass wir lieben; unser Leben, unsere Familie, unseren Job, unsere Freunde oder auch unseren Partner. Im Social Network zeigen wir das selbst Fremden ganz deutlich mit all den Herzen, die wir unter Postings großzügig platzieren. Alles im Namen der Liebe.

Und zwischen all dieser Liebe liebe auch ich. Da war vor einigen Jahren mein Treffen auf einen Mann. Dieses Treffen entwickelte sich zu einer merkwürdigen Begegnung ohne Bestand und mit gefährlichen Nebenwirkungen für mich. Wir verliebten uns und lagen eng beieinander, um uns doch nach kurzer Zeit wieder zu verlieren. Wir ignorierten uns Monate, um dann plötzlich ungeplant wieder aufeinander zu treffen. Unsere Wege trennten sich erneut, nur um sich nach gefühlten Ewigkeiten doch wieder zu kreuzen. Mal waren wir uns nah und anschließend auch wieder so weit entfernt. Wir lachten und wir stritten. Wir redeten und wir schwiegen. Wir waren vernünftig und auch so manches Mal verrückt. Wir flogen zusammen in große Träume und wachten getrennt voneinander in der begrenzten Realität wieder auf. Wir waren Liebende und ein anderes Mal nur noch Freunde. Wir wurden einander zur Vergangenheit und dann wieder zum gegenwärtigen Moment. Nein, dieser Mensch war nicht beständig an meiner Seite, egal wie sehr ich es mir auch wünschte. Und doch war er stets bei mir, nämlich in mir, in meinem Kopf und in meinem Herzen. In der gesamten Zeit seit Beginn unserer Begegnung gab es keine virtuellen Herzen oder vor Liebe strotzende geschriebene Worte in aller Öffentlichkeit. Dort tauchte nichts davon auf. Es war mein ganz eigenes für ihn wild pochendes Herz und meine Worte, die auch nur für ihn und sonst niemanden bestimmt waren, irgendwo versteckt und unbemerkt zwischen all den Herzen, die ihm von fast tausend Freunden im Social Network zugeworfen wurden.

Nach fast einem Jahr ohne jeglichen Kontakt oder Kommunikation brachte das Leben uns vor einigen Monaten erneut zusammen und ich saß nun einem Mann gegenüber, der arg vom Leben verändert worden war. Aufeinanderfolgende schwere Herzinfarkte, Operationen, Ängste, Hoffnungen und jede Menge Schmerz machten aus ihm einen anderen, vielleicht nicht immer einfachen und leicht zu verstehenden Menschen. Die Krankheit und sein Verändern durch diese hatte ihm fast alles genommen, den geliebten Job, die Familie und den ein oder anderen Freund. Was blieb, ist der

Bodyguard, den er nun in seiner Brust trägt und der sein Leben im Notfall schützen soll - der Defibrillator - und eine, den Grundbedarf nicht einmal deckende winzige Rente. Da sind aber auch noch die kleinen Wünsche, die mit dem, was jetzt zur Verfügung steht, nicht mehr erfüllbar sind. Der Traum von einem E-Bike zum Beispiel, um im nahenden Frühling trotz aller gesundheitlicher Einschränkungen, das Leben dort draußen fühlen zu können, liegt in dieser Situation sehr weit entfernt.

Irgendwann saßen wir beide zusammen und hatten die Idee, seine in den vergangenen Jahren aufgeschriebenen Gedanken und Gefühle in Form und dann in ein Buch[1] zu bringen. Viele Abende wurden diese Texte herausgesucht, bearbeitet und letztendlich als Buch veröffentlicht, um seinen kleinen Traum selbst finanzieren zu können. Ich war sehr optimistisch. So viele Menschen hatten ihn ja bisher dort im Social Network öffentlich mit Liebe überschüttet, dass ich mir sicher war, jene würden ihn und sein Vorhaben genauso unterstützen wie ich.

Er machte auf sein veröffentlichtes Buch dort aufmerksam und es geschah... Nichts! Ich hatte nicht erwartet, dass diese Texte von jedem gemocht und sofort gekauft werden, denn sie sind schon sehr

---

[1] Buch von Andreas Bäumken „Das Leben und die Liebe werden deine Lehrer sein"

speziell. Aber ich war der festen Überzeugung, dass dieser Beitrag durch seine vielen ihn „liebenden" Freunde ver- und geteilt und dadurch verbreitet wird. Sie taten es nicht. Es macht mich nicht traurig, dass Menschen sich nicht mit der Art und Weise des Schreibens ihres Freundes identifizieren können (Geschmäcker sind nun mal verschieden), sondern dass ihr bisheriges Liebes-Gedöns scheinbar das ledigliche Unterstützen bei der Verwirklichung seines kleinen Wunschs nicht einschloss, nicht mal einen einzigen Klick.

Zudem geben wir ständig Geld für unnützen Kram aus, spenden großzügig Gelder an Organisationen in weiter Ferne ohne die Gewissheit, wo und ob es überhaupt ankommt. Aber das günstige Buch eines Freundes zu kaufen und ihn mit dieser kleinen Geste seinem kleinen Wunsch ein Stückchen näher zu bringen, stehen scheinbar auf einem anderen Blatt als Liebe und Loyalität, selbst, wenn man dafür etwas zurückbekommt, nämlich die geschrieben Gedanken eines anderen.

Ich gebe zu, dass ich gerade sehr traurig und enttäuscht bin. Ja, man mag mir zu hohe Erwartungen vorwerfen. Aber waren sie wirklich zu hoch? Oder habe ich nur eine andere Art, Liebe zu zeigen und zu leben?

Unsere merkwürdige Begegnung mit all ihrem Kommen und Gehen, den Hochs und Tiefs, in die sie mich katapultierte und auch mein Gefühl, das immer blieb und jeder Veränderung des anderen standhielt, selbst wenn wir wieder voneinander weggingen, wurde ausgelacht, in den Dreck gezogen und als nicht normal bezeichnet. Ja, mag sein, dass wir uns nie wieder in den Armen liegen, nie wieder unsere Hände halten oder aus dem Augenblick heraus verliebt knutschen. Aber ich behaupte, dass unsere gegenseitige Wertschätzung, der Respekt und das gemeinsame Tragen und Unterstützen von Träumen und Wünschen in schwierigen Situationen ehrlichere und tiefere Liebe ist, als das, was man mir als normal vormachen will, obwohl sie verborgen vor der Öffentlichkeit gelebt wird. Ohne blinkende Herzchen und ohne oberflächliches Gerede von Freundschaft und Liebe, dass sich angesichts der hilflosen Situation eines sogenannten Freundes offensichtlich auch mal ganz schnell verflüchtigt.

Lauter sein als die Liebe

Es ist so schön, hier zu sitzen, wo sich die Sonne tausendfach als funkelnde Sternchen im See spiegelt. Du sitzt bei mir, und ich sage dir, dass du dich verändert hast. Aber während ich es ausspreche, fällt mir auf, dass vielleicht ich mich verändert habe und gar nicht du. Ich bin anders geworden, weil ich zu dir anders sein wollte.

Wir sind so lange und weit merkwürdige Wege gegangen, manchmal zusammen, aber meist in unterschiedliche Richtungen. Dabei wünschte ich mir dich so oft genau an diesen Ort. Nun sitzen wir gemeinsam hier und haben Spaß an dem, was ist und Freude an uns. Wir können reden, ohne ein Blatt vor den Mund zu nehmen. Wir lachen über uns selbst. Wir planschen im frühlingskalten Wasser wie Kinder und trinken ausgelassen Wein aus Plastikgläsern. Wir hören Musik vom Handy und während ich verkehrt mitsinge, wippen wir zwei dazu vorsichtig mit den Hüften, damit die alten Rücken auch ja nicht meckern. Wir spinnen Geschichten, die wir noch zusammen wahr machen wollen, ohne zu wissen, ob wir sie wirklich irgendwann umsetzen werden. Wenn wir im Sonnenuntergang nebeneinander mit den Rädern heimfahren, lassen wir das fantastische Abendlicht schweigend auf uns wirken, genauso wie diese Vertrautheit, die sich scheinbar zwischen uns eingeschlichen hat.

Jetzt gerade ist alles so einfach geworden, obwohl es doch mal viel schwieriger mit uns war, jedenfalls für mich. Wurde es anders, als ich aufhörte, über Liebe zu reden? Wurde es zwischen uns leichter, seit ich mir jegliches Wort über Gefühl verbot? Ja, ich habe mich vor einiger Zeit an die Lösung einer Aufgabe gewagt, die ich mir selbst gestellt habe. Bis dahin habe ich dir viel zu oft gesagt, was mein Herz schreit und mein Bauch fühlt, auch welche Gedanken du in mir auslöst. Aber irgendwann habe ich mich entschlossen, damit aufzuhören. Kein Wort über Gefühl oder Liebe und keine meiner Gedanken sollen mehr bei dir ankommen. Ob all das nun verschwunden ist?

Ich weiß nicht, ob du es merkst, wenn ich ein Stück von dir wegrutsche, sobald du dich neben mich setzt, ob du spürst, wie ich einen Schritt beiseite gehe, wenn du dich zu mir stellst. Weißt du, weshalb ich mich nach einem langen Abend, wenn ich bei dir übernachte, in deinem Bett auf die äußerste Bettkante rolle? Wenn ich dich zu nah spüre, ist mein Herz so laut. Wenn ich dir zu lange in die Augen schaue und dir zuhöre, schreit mich meine Liebe an. Und dann muss ich lauter sein, als dieser tosende Lärm in mir.

Das sind die Momente, in denen ich mehr lache, ununterbrochen rede oder eben total falsch zur Musik mitsinge, nur, damit ich vor dir nicht wiederhole, was mein Herz und meine Seele mir soufflieren. Ist es falsch, all diese Dinge für sich zu behalten? Ich weiß es nicht. Aber seitdem ich mich entschied, dich nicht mehr wissen zu lassen, ob und was ich noch für dich empfinde, lernen wir uns ganz anders kennen und haben dadurch ausgelassene und wunderbare Momente, die ich nicht dadurch aufs Spiel setzen möchte, indem ich dem Gefühl nochmals ein Sprachrohr reiche.

Vielleicht ist es auch eine Form von Liebe, sich selbst zurückzunehmen und das Gefühl, welches vom Gegenüber nicht genauso gefühlt werden kann, für sich zu behalten, um dieses wunderbare Zusammensein nicht dadurch zu komplizieren. Eventuell ist es immer noch Liebe, wenn ich manchmal für einen winzigen Augenblick still dasitze, und dem Gesang meines Herzens kurz zuhöre, nur um mich zu vergewissern, dass er noch nicht komplett verstummt ist. Wenn meine Liebe jedoch wieder zu laut wird und schreit, dann muss auch ich erneut noch lauter werden als sie, damit sie nicht ungewollt durch mich zu dir spricht. Glaub mir, das ist manchmal gar nicht so leicht.

Und sollte diese Liebe in mir eines Tages still geworden sein, wirst du es gar nicht bemerken, weil ich dich ihre Stimme schon lange vorher nicht mehr hören lassen habe. Denn ich wollte ihr keine Chance zu geben, uns zu nehmen, was ohne ihre Worte doch wunderschön war und mich dabei stumm so viel tiefer berührte und bewegte.

Ist mir Sex wichtig?

Ich wurde unerwartet in einem Gespräch gefragt, ob mir Sex in einer Partnerschaft wichtig wäre. Man könnte meinen, diese Frage wäre einfach mit Ja oder Nein zu beantworten. Aber mir fiel das gar nicht so leicht. Denn es tat sich vor der Beantwortung für mich eine ganz andere Frage auf: Wo fängt denn Sex an? Meinte mein Gegenüber dieses übliche Wenige-Minuten-Geschehen? Gleicher Ort, gleiche Uhrzeit, Routine? Ich habe nicht gefragt, sondern versucht, mich zu erklären, bevor ich antwortete.

Bei dem Wort Sex denke ich an Berührung und Hingabe. Berühren können mich schon Augen, die mich anstrahlen und die Freude an mir haben, selbst, wenn ich noch bekleidet bin. Ist schon ein festes geborgenes Halten und Zulassen desselben Hingabe und somit der Anfang von Sex? Beginnt Sex beim bloßen wohligen Schaudern, wenn man die warme Haut des andere ganz nah an der eigenen spürt? Gehören Gänsehaut und leichtes Zittern, wenn die Hände des anderen über meinen Körper gleiten, schon dazu?

Sex bedeutet für mich auch, dass mein über fünfzig Jahre alter Körper, dem mittlerweile das Alter, viele Fressattacken, unzählige Diäten sowie zwei Geburten anzusehen sind, nicht nur angefasst, sondern angenommen wird, dass ich das Gefühl habe, in dem Moment komplett ohne ihn zu sein, weil nicht er, sondern ich es bin, die gewollt und über deren komplett nackte Seele gestreichelt wird.

Alles, was darauf folgen kann, ist für mich eine Draufgabe. Mitgehen und mitfließen, nur noch zulassen, wenn die Körper zweier Menschen ohne Verstand und Gedanken tun, was sie erfüllt, was sie sich füreinander öffnen und für den Moment eins werden lässt, geschieht dann von ganz allein, ohne dass ich noch darüber nachdenken muss, ob es mir wichtig ist.

So wird das Zusammensein nicht nur zu einer Meisterprüfung, bei der sich jeder für ein paar Minuten verausgaben und sein Bestes geben muss. Dann wird es okay sein, dass ich in meinem Alter auch schon mal sage, wie es gar nicht geht, weil die alltäglichen Schmerzen in diesem Körper bereits gewisse Lagen und Positionen nicht mehr zulassen. Ich möchte lachen dürfen, falls demzufolge das ein oder andere Experiment schief geht, weil ich denke, dass auch Spaß dazu gehört und man nicht immer einen allzu ernsten Zinnober daraus machen sollte.

Wenn ich all das als Sex für mich definieren darf, dann kann ich die mir gestellte Frage leicht beantworten. Verstandraubende Nähe und ebensolche Berührungen, gepaart mit totaler Hingabe aus dem Vertrauen heraus und am liebsten mit Lachen und Spaß sind mir wichtig.

Ja, Sex auf dieser Ebene ist mir wichtig!

Die Lüge

Ich gebe dir das Gefühl, ehrlich zu sein. Ich lasse dich glauben, dass ich dir immer die Wahrheit sage und dass du mich kennst. Und doch bin ich eine verdammte Lügnerin.

Dir scheint es, als sei ein Gespräch mit mir eine Momentaufnahme. Ich wechsle die Themen und quassele wild drauf los, als sei das bereits Gesprochene längst wieder verhallt. Manchmal schweige ich einfach und lasse deine Worte unkommentiert stehen, damit du glaubst, sie haben keine Bedeutung für mich. Das ist gelogen. Ich höre sehr genau zu, reagiere lediglich in diesem Augenblick nicht auf das Gehörte. Weißt du, manchmal gefällt mir nicht, was ich höre und auch nicht, was ich dabei fühle. Aber ich möchte mich nicht für das rechtfertigen und erklären müssen, was mich traurig macht, berührt oder gar schmerzhaft trifft. Ich lüge, damit du weiterhin frei reden kannst und dich meine Gedanken und Emotionen dabei nicht aufhalten. Ich will dich nämlich immer hören und sehen, wie du wirklich bist.

Es mag sein, dass mein Leben leicht und unbeschwert auf dich wirkt. Ich versuche, jeden Moment frei und ungezwungen voll auszukosten und ihm immer etwas Besonderes zu geben. Aber ich habe auch Träume, Wünsche und Sehnsüchte, die ich in mir trage und die manchmal sehr schwer sind. Diese Schwere kann man nicht sehen. Sie zieht mich hin und wieder zu Boden und ich brauche dann so wahnsinnig viel Kraft, die ich mir, von allen ungesehen, selbst geben muss, um nicht liegen zu bleiben. Ich mache dir mit meiner Unbeschwertheit etwas vor. Du siehst eine Lüge.

Aus jeder Situation kreiere ich einen Spaß. Lachen nimmt manchem Moment die (meine) Traurig- und Ernsthaftigkeit. Ich will diese nicht zeigen oder darüber debattieren und schon gar nicht möchte ich sie auf dich projizieren. Ich wirke oft ausgelassen, fröhlich und wie ein Wirbelsturm lachend durch das Leben fegend. Und doch zerreißen mich Situationen, Worte oder Empfindungen manches Mal mit ungeheurem Schmerz. Aber den Tränen der Hilflosigkeit, Verzweiflung oder des Nicht-Verstehens gebe ich nur am Ende des Tages ihren benötigten Raum, dann, wenn ich mit ihnen allein bin. Nein, ich lache nicht immer ehrlich. Es ist manchmal ein falsches Lachen.

Es scheint verrückt, aber ich belüge so meist jene Menschen, die mir wichtig sind, die mir etwas bedeuten. Ich bin nicht ehrlich zu denen, die ich liebe, die mir verdammt wichtig sind und die ich wahnsinnig fest im Herzen trage. Warum das so ist? Ich verstehe mich dabei meist selbst nicht.

Vielleicht lache ich, damit sie auch lachen können. Vielleicht bin ich lebendig, damit auch sie Lebensfreude fühlen. Vielleicht schweige ich, damit sie reden können. Vielleicht lüge ich, damit sie mich mit all meinen Gedanken, Emotionen und Gefühlen nicht tragen müssen. Vielleicht befürchte ich, ihnen zu schwer zu sein.

Aber glaub mir, egal, welche meiner Lügen dich gerade erwischt.

Am Ende belüge ich auch immer mich selbst.

Immer wenn du sterben willst

Ich weiß, wie schwer es an den meisten Tagen für dich ist. Ich weiß auch, wie hilflos du dich dieser Krankheit ausgeliefert fühlst, in dem Wissen, dass sie bleibt. Du sprichst so oft vom Tod und wie sehr du dich auf ihn freust. Da sind die wahnsinnigen Schmerzen, die Kraftlosig- und Müdigkeit, die dich unsagbare Schwere fühlen lassen und dein Tod erscheint dir als Ausweg aus all dem.

Immer, wenn du sterben willst, höre ich dir zu. Aber ich werde dich in deinen Gedanken und diesem Wunsch nicht aufhalten, egal, was er in mir auslöst. Denn ich weiß, dass du nicht wirklich sterben möchtest. Du willst bloß so nicht mehr weiterleben.

Ich kann mich in deine Todessehnsucht nicht einmischen. Ich kann dir auch nicht meine Lebensfreude injizieren. Ich kann deine Hilflosigkeit nicht tragen und dir auch nicht ein anderes Leben geben. Ich kann dich nicht retten und ich kann dich nicht aufhalten. Ich kann nur da sein.

Es ist mir möglich, dich an deinen guten Tagen zu begleiten. Ich beobachte dich so gerne still lächelnd, wenn du mit strahlenden Augen neben mir am See sitzt, das Glitzern der Sonne im See beobachtest und dich von ihr streicheln lässt. Ich kann im Gras sitzend mit dir ausgelassen Wein trinken, um das Leben in diesem Moment doch noch zu feiern. Wir können Spaß haben und über uns lachen, wenn anschließend nachts der Nachhauseweg mit dem Fahrrad einem endlosen Slalom gleicht. Ich kann mit dir unvernünftig und übermütig sein, weil wir keine Ängste mehr haben, auch nicht vor dem Tod. Ich fliege an diesen Tagen mit dir, ganz gleich, welche Richtung du wählst. Meine Lebendigkeit trägt deine Liebe zum Leben in diesem Augenblick ein Stückchen mit.

Aber immer, wenn du sterben willst, lande ich auch wieder mit dir. Auch hier kann ich dich nur begleiten und an deiner Seite sein. Ich habe nicht das Recht, dich von deinem Weg zu reißen oder festzuhalten. Ich ertrage nicht, was du erträgst und deshalb erlaube ich mir auch nicht, dich mit Worten von meinen Gedanken und meinem Fühlen zu überzeugen. Doch vielleicht kann ich ein winziges Licht sein, dass für dich in den dunklen Tiefen schwerer Tage ein wenig leuchtet. Ein kleiner Funken, der dir dort, wo der Irrgarten deiner Gedanken scheinbar keinen Ausweg hat, zuwinkt.

Weißt du, wir werden beide sterben. Ja, du vielleicht etwas früher als ich. Du hast dem Tod deine Tür bereits freudig geöffnet; ich halte meine noch fest verschlossen.

Aber immer, wenn du noch Leben spüren und erfahren willst, halt meine Hand und nimm mich bitte mit. Lass uns in den Momenten weiterhin lachen und albern sein, so, als wäre deine Welt noch in Ordnung.

Und immer, wenn du sterben willst, lass mich an deiner Seite bleiben, damit auch ich deine Wärme noch ein wenig fühlen und dabei deine Hand halten kann, ohne mich an ihr festzuklammern.

Ich verspreche dir, wenn du dann stirbst, werde ich dich loslassen, damit du den Weg, auf den du dich so sehr gefreut hast, ganz leicht gehen kannst, während sich mein Herz und meine Seele (wenn auch weinend) auf unser Wiedersehen irgendwann freuen.

In deinen Armen

Ich fühle mich manchmal so verkehrt, verkehrt in dieser Welt. Ich sitze darin, sehe, empfinde und nehme wahr. Dabei beobachte ich schweigend, was um mich geschieht und kann oftmals nicht verstehen. Es ist für mich zu laut, zu kalt, zu falsch, zu schnell und zu eng. Ich möchte weder in emotionslosem Wirrwarr ertrinken noch rastlos unterwegs sein, nur um anderen folgen zu können. Ich will nicht taub von unnützem Gerede oder erdrückt von sinnlosen Wichtigkeiten werden.

Auch, wenn ich meist nicht darüber rede, ist es für mich doch manchmal schwer auszuhalten. Dann, wenn ich still werde, haben mich meist Unverständnis und Hilflosigkeit gegenüber dem Treiben da draußen übermannt. Ich muss es dann irgendwie aushalten.

Aber es gibt einen Platz, an dem ich mich ausruhen kann. Dieser Platz ist zwischen deinen Armen. Wenn du mich umarmst und einen Moment hältst, kann ich Luft holen und tief atmen. Ich muss mich nicht erklären oder verständlich machen. Ich muss gar nichts tun und gar nichts sein. In diesem Augenblick halten deine Arme den gesamten Irrsinn dieser Welt von mir fern. Er löst sich auf und spielt keine Rolle mehr. Obwohl ich so dicht bei dir bin und deine Arme mich eng an dich drücken, räumst du mir damit wahnsinnig viel Raum für mich selbst ein.

Wenn ich nachts in deinem Arm schlafen kann, wenn du ihn um mich legst, erschaffst du eine undurchdringliche Wand, die mich und meine Träume schützt. Sie können dadurch frei tanzen und lebendig werden. Dann muss ich mal nicht funktionieren, kämpfen oder mich behaupten, mich darstellen oder erklären, weil jede Sorge, jedes Problem und jedes Muss in dieser Nacht an der Mauer, die sich durch deine Arme um mich schmiegt, abprallen. Ich kann einfach nur bei dir liegen und dabei dich und mich spüren. Mehr nicht. Aber das ist so unglaublich viel.

Vielleicht bedeutet es für dich nicht mehr als eine Umarmung. Aber für mich ist es wie ein Nach-Hause-Kommen nach einer langen anstrengenden Reise. Ich liebe deine kräftigen Arme, denn in ihnen fühle ich mich, ohne unnötige Worte, angenommen, verstanden, sicher und geborgen. Sie wärmen mich, wenn meine Seele gerade friert, und machen mich stark, indem ich auch mal so verdammt schwach sein kann. Der Raum, den du mir durch sie gibst, ist herrlich still. Ich kann darin endlich wieder mich selbst hören und habe das Gefühl, dass mir hier nichts passieren kann. Ich lass mich in deinen Armen fallen, weil ich weiß, dass ich gehalten werde. Ich vertraue ihrer Stärke und dir.

Und wenn ich dich ganz fest umarme oder, wenn meine Hand nachts nach dir sucht, um sich dann ganz vorsichtig auf dich zu legen, wünsche ich mir, dass auch du dich geborgen und gut aufgehoben fühlst. Du sollst wissen, dass auch meine Arme stark genug sind, dich zu schützen, zu halten und ebenso auf dich aufzupassen, damit unsere Gedanken, Träume und unser Leben, damit wir beide in dieser, für uns manchmal recht komischen, Welt nicht unter- und verlorengehen.

Traumhaft

Ich habe einen Traum. Es ist kein Traum, der sich in einer Nacht fertig geträumt hat. Es ist auch kein Traum, der sich am Morgen im Alltag auflöst. Es ist ein Traum, der mich täglich bewegt und antreibt.

Irgendwann begann er als kleine Spinnerei. Ich wollte weg, als ich das Gefühl bekam, hier nicht mehr hinzupassen. Ich fühlte mich erdrückt und eingesperrt in einer Gesellschaft und von Menschen, deren Vorstellungen, sinnlosen Regelungen, unlogischen Verbote, und Lebensansichten mit meinen nicht mehr konform waren. In letzter Zeit hatte ich immer öfter den Eindruck, wie eine Marionette an Fäden in Richtungen bewegt zu werden, in die ich gar nicht will. Aber wohin soll ich, wohin kann ich dem entfliehen?

Mit dieser Frage entstand der Traum vom Abhauen. Ein alter VW Bus sollte es sein, in dem ich ein paar Dinge verstauen und eine Zeit lang unterwegs sein könnte. Er verkörperte den Wunsch nach Unabhängigkeit und Freiheit. Farbe, Aussehen, Alter des Busses waren zunächst völlig egal. Es war ja nur eine Spinnerei.

Aber dann begann jemand mit mir mitzuträumen. Ein zweiter Mensch begeisterte sich für meine Idee.

Er riss mich mit, indem er die Konturen meines Traumes bunt ausmalte und ihnen Leben einhauchte. Seitdem verbringen wir zusammen Abende und Nächte, in denen wir den Online-Markt nach dem passenden Gefährt absuchen. Wir entschieden bereits die Ausstattung und die Farbe. Mittlerweile sind wir auf Google auch unsere erste Route, beginnend an der polnischen Ostseeküste und dann weiter Richtung Westen am Meer entlang, gefahren. Wir fuhren aber auch schonmal die Strecke nach Italien ab. Sogar, welchen Grill und welchen Wein wir mitnehmen, steht fest. Die Feinheiten des Traums werden gefeilt.

Es mag verrückt klingen, aber ich habe mir in meiner Wohnung Punkte geschaffen, die mich ständig an diesen Traum erinnern, damit ich ihn im Lärm des Alltags niemals vergesse. Ein Mini-Bulli schmückt meine Kommode im Flur. An den Strand des Leinwandbildes von der Ostsee habe ich einen VW Bus geklebt. Über meinem Schreibtisch hängen ein Foto des Busses, den ich bereits mit einem Bildbearbeitungsprogramm entsprechend beschriftet habe, und auch mein Führerschein. Denn selbst, wenn ich seit Jahren kein Auto mehr bewegt habe, möchte ich diesen Bulli doch so gerne allein fahren. Neulich habe ich eine kleine Reisetasche dazugestellt. Dort packe ich mittlerweile die ersten kleinen Dinge ein, die ich auf unserer Reise mitnehmen werde. Sie gibt mir das Gefühl, dass ich jederzeit einfach losfahren kann.

Es ist ein Geschenk, auf dieser Reise und in diesem etwas verrückten Traum nicht allein unterwegs zu sein. Ich teile all das mit jemandem, der genau wie ich bereit ist, sich von Dingen und Gegebenheiten loszulösen. Mit mir wird jemand Sonnenunter- und -aufgänge aufsaugen, dem ebenso egal ist, wo wir am nächsten Tag sein werden. Ich kann kaum erwarten, mit ihm an Orte zu kommen, von denen ich bisher gehört habe, aber an denen ich noch nie gewesen bin. Ich freue mich auf Sonne, auf Wind, auf Regen und auf Wolken über mir. Ich fiebere der Zeitlosigkeit entgegen, mit der wir unterwegs sein werden und ich spüre das Lebensgefühl, welches mir dieser Bus geben wird.

Ja, die Preise für diese alten restaurierten VW T1 Camper bewegen sich in Höhen, die wir zwei Träumer zurzeit überhaupt nicht erreichen können. Trotzdem glauben wir daran, dass es Wunder gibt und wir eines Tages losfahren werden. Nein, es ist gar kein Glaube. Wir sprechen nie davon, wie es sein könnte. Wir reden davon, wie es sein wird.

Ich lebe nun für diesen Traum, jeden Tag. Er sitzt so tief und brennt in mir manchmal so stark, dass ich Bauchschmerzen bekomme. Die Sehnsucht treibt auch hin und wieder ein paar Tränen in die Augen. Aber es sind keine Tränen der Traurigkeit, weil immer noch keine Lösung zur Verwirklichung da ist. Es ist Vorfreude, unglaubliche Vorfreude auf diesen Tag, an dem wir beide einsteigen und losfahren werden.

Aber auch, wenn ich mir verdammt sicher bin, dass wir eines Tages zusammen lachend auf einer Landstraße im roten VW Bus unterwegs sein werden, erwischt mich in stillen Momenten die Sorge, dass unsere Zeit nicht reichen könnte, um den gemeinsamen Traum zu verwirklichen. Wir sind nicht mehr so jung und mein Mitträumer ist sehr krank. Werden rechtzeitig von irgendwoher die Mittel und Möglichkeiten auftauchen, um aus dem Traum aufzuwachen und ihn in Wirklichkeit zu leben?

Ich weiß es nicht. Ich träume ja schließlich nur.

Meine Zeit hier ist begrenzt und vielleicht werde ich diesen so wahnsinnig großen Traum eines Tages dorthin mitnehmen müssen, wo es keiner Träume mehr bedarf. Aber, wenn das geschieht, werde ich mich vielleicht ein letztes Mal lächelnd an unsere strahlenden Augen in den zahllosen Nächten des Träumens erinnern und an all die Orte, an die unser Bulli uns brachte, ohne dass ich sie jemals sah.

Mit dem Floß ins Nichts

Es war eine Idee aus Spaß und Übermut. Ein bisschen Abenteuer, wenig Menschen und ein Stückchen Freiheit als Wunsch und zack... Schon war die viertägige Floßfahrt auf dem großen heimatlichen See gebucht. Ich freute mich seit Wochen wahnsinnig auf diese Tour und mein Begleiter ebenso. Dabei ahnte ich nicht, was sie mit uns machen, wie sie uns ganz tief berühren würde.

Auf diesem Floß gab es nichts Komfortables. Aus zwei Holzbänken, zwei Brettern, einer Luftmatratze und zwei Schlafsäcken wurde abends das Doppelbett gebaut. Es gab weder feste Türen noch Fenster. Am Heck des Floßes war zwar eine Toilette (die Funktion ähnlich der eines Katzenklos) vorhanden, deren Raum aber so winzig war, dass ich ihn quer betreten und beim Benutzen die Tür offen lassen musste. Zehn Liter Brauchwasser für ein kleines Spülbecken waren an Bord und unser kleiner Campingkocher für Kaffee. In die kleine Kühlbox passten gerade mal zwei Flaschen Wasser und unser Grillgut, was wir mitgenommen hatten. Und so tuckerten wir fast vier Tage über den Schweriner Innen- und Außensee.

Wir fuhren auf dem Wasser und wir schliefen darauf. Tagsüber funkelte die Sonne millionenfach in den

Wellen und in der Dunkelheit schlugen diese sanft, aber geräuschvoll, ans Floß. Sie schaukelten uns durch die Nacht. Wir tranken in aller Herrgottsfrühe den ersten Kaffee und bestaunten dabei den traumhaften Sonnenaufgang. Abends warfen wir irgendwo am Ufer einer Insel den Anker und grillten unser Abendessen im Sonnenuntergang. Der See war meine tägliche Badewanne und der Wind mein Fön. Zu meinem Spiegel wurde der Mann an meiner Seite, der mir sagte, dass ich so wie ich gerade bin, völlig ungeschminkt und unfrisiert, super aussehe; der mich anlächelte und abends in bequemer Fleecehose und Schlabberpulli „süß" fand. Wenn mir nachts etwas kalt war, wurde dieser Mensch auch mein Ofen, an den ich mich ganz nah legen und in dessen Arm ich mich wärmen konnte.

Ich brauchte keine schicken Kleider und musste mich nicht in luftraubende Shapeware zwängen. Nackt liefen wir herum und nackt schwammen wir im See. Enten, Schwäne, Gänse störten sich nicht daran, dass wir beide von Modelmaßen weit entfernt sind. Sie schwammen einfach neben und vor uns im Wasser. Ich kann nicht beschreiben, wie viel Weite und Leichtigkeit sich in meinem (in unseren) Herzen ausbreitete, als mir verdammt früh bei Sonnenaufgang, auf einer kleinen Sandbank in glasklarem Wasser mittig in diesem großen See sitzend, die Kaffeetasse gereicht wurde. Genauso wenig kann ich erklären, wie man von unsagbarem Glück durchflutet wird, wenn alles Unwichtige so weit entfernt ist. Keine Pandemie, kein unnötiges Geschwätz, kein Konsum, kein Müssen, kein Brauchen, kein Zeitdruck, keine Verbote, keine Regeln. Es herrschten Natürlich- und Lebendigkeit, großes Vertrauen ineinander und vielleicht sogar eine Art Glückseligkeit, welche für diese Momente lediglich aus Wellen, Sonne, Regen, Wind und zwei Menschen bestand, die gar nicht viel reden mussten, weil sie das, was sie umgab, beide mit gleicher Begeisterung aufsaugten. Weil sie diese Einfachheit beide lieben und hier nun sogar gemeinsam ausleben konnten. Es fühlte sich an, als wäre die Welt mit all ihren wüsten Vorstellungen, Konditionierungen, Dramen, Kämpfen und ihrer falschen Moral einfach verschwunden. Es gab sie einfach nicht mehr. Wir plantschten übermütig in einem riesigen Topf, der bis zum Überlaufen mit Liebe gefüllt war. Liebe zu allem was uns gerade umgab, auch zu uns selbst.

Diese Liebe ist immer in uns beiden, egal wo wir sind. Aber hier waren wir für einige Tage mit ihr allein. Da hatten Vernunft und Bedenken, Dazwischenreden und Ablenkung keine Chance, uns in unserem Einfach-Sein zu stören. Es fühlte sich wirklich alles so richtig und so vollkommen an, obwohl es nichts

Besonderes gab. Und ich stellte auch fest, dass ich dieses umwerfend schöne Nichts nicht mit jedem Menschen hätte teilen und leben können. Das konnte nur mit jemandem geschehen, der in meinen Augen und meinem Herzen seine eigene Freude an all dem wortlos sehen und mich dadurch verstehen konnte. Der sich hier mit mir beim Nichtstun nicht langweilte.

Seit gut zwei Wochen bin ich nun wieder arbeiten. Jeden Morgen schminke ich mich, versuche mich am Frisieren meiner Haare, zwänge mich in diese enge Shapeware, damit meine unvollkommene Figur in den Bürokleidchen etwas geformter wirkt. Ich muss gut reden, gut telefonieren, gut schreiben und gut entscheiden. Ich muss alles gut schaffen und erledigen. Ich muss gut sein, gut aussehen und gut zur Zufriedenheit meines Arbeitgebers funktionieren. Ich muss mich wieder gut in der Öffentlichkeit benehmen und bewegen sowie mich ebenso gut an die teils sinnlosen Regelungen angesichts einer Pandemie halten. Denn dort draußen interessiert es nicht, wie ich mich gut fühle und was mir guttut. Es geht immer nur darum für Andere gut genug zu sein.

Aber das wird sich vielleicht ändern, weil ich vor einigen Monaten für mich entschied, etwas zu verändern. Dieser wunderschöne Ausflug hat mich nochmals darin bestärkt, nicht mehr nur gut sein und funktionieren zu müssen, sondern einen Weg einzuschlagen, der mir mehr Zeit gibt, mich selbst gut zu fühlen. Und das nackt und ergriffen von der Einfachheit des Nichts, welches mich so geflasht, aber auch mit Leben und Liebe wieder bis zum Rand aufgefüllt hat.

Wer im Regen bleibt

Ich bin krank. Und nein! Ich bin nicht von Covid-19 befallen. Es ist scheinbar gerade wichtig, diese Ergänzung hinzuzufügen. In meinem Bekanntenkreis glichen sich nämlich die Reaktionen auf die Nachricht, dass ich krank bin. Da war die direkte aus einem Wort bestehende Frage „Corona?", die erleichterte Nachricht „Zum Glück nicht Corona." oder „Hauptsache, nicht Corona." Noch besser waren die einfach nur wortlos mit diesen erschrockenen und entsetzten Emojis gesandten Nachrichten. Am liebsten hätte ich auf all diese Bemerkungen ebenfalls mit nur einem Emoji geantwortet, nämlich mit dem, der sich die flache Hand an die Stirn haut und damit fragt: „Was stimmt bei euch nicht?"

Covid-19 hat mich nicht erwischt, aber das ändert nichts daran, dass ich krank bin, dass es mir verdammt scheiße geht und ich mich gerade ziemlich allein damit fühle. Es hat den Anschein, als ob es nie andere Erkrankungen gab. Waren wir vor diesem mediengepushten Virus eigentlich nie krank? Und wenn doch, hat Corona Erkältungen, Halsentzündungen, Bronchitis oder andere Diagnosen verschluckt? Man hält sich von mir fern. Und das in einem Moment, in dem ich mich hilflos und erschöpft fühle. Statt Mitgefühl schlägt mir geballte Angst entgegen.

Ich dachte gestern Abend zurück an die Zeiten, in denen wir Kranke nicht allein ließen. Wir gingen mit Blumen und ein wenig Obst oder Schokolade zu ihnen. War der Erkrankte ansteckend, verzichteten wir auf Umarmungen und Knutscherei, setzten uns eben nicht zu ihm aufs Sofa, sondern gegenüber auf den Sessel. Manchmal wuschen wir uns nach dem Besuch einfach nur die Hände. Aber wir waren da. Wir überließen diese Menschen nicht sich selbst. Ich fühle mich aber gerade ziemlich allein und vor allem wie eine Aussätzige. Dazu stellt sich mir die Frage, wie wenig Verantwortungsbewusstsein man mir wohl zutraut. Denn sollte ich virus-positiv sein, stünde schließlich außer Frage, dass ich betreffende Personen darüber informiere.

Solche Situationen sind aber eigentlich auch immer eine gute Möglichkeit, um hinzusehen. Dabei spielt es keine Rolle, ob es sich um eine Krankheit handelt oder andere Zeiten, in denen wir zu Boden geworfen werden, die uns in schwarze Löcher stoßen und in denen wir unser Lachen für die scheinheilige Welt dort draußen mal nicht zur Verfügung stellen. Vielleicht sind unsere dunkelsten Tage in Wirklichkeit die bedeutsamsten für uns, um zu erkennen, was uns wichtig ist, aber auch, wem wir wichtig sind, wer bei uns bleibt.

Als ich heute Nacht fiebrig und fröstelnd unter meiner Decke lag, erinnerte ich mich plötzlich an einen Tag in diesem Sommer. Es war ein schöner Tag mit viel Sonne, fast schon zu viel davon. Ich war verschwitzt und fühlte mich glücklich, so wie es an hellen großartigen Tagen nun mal ist. Am frühen Abend zogen Wolken auf und es begann zu regnen. Als immer mehr Tropfen auf das Balkongeländer tropften, schaute ich mein Gegenüber an und sagte: „Lass uns rausgehen." Ein Blick, ein gemeinsames Grinsen und wir verließen, so wie wir gerade waren, barfuß die Wohnung. Während Menschen vor dem Regen schutzsuchend ins Haus stürmten, liefen wir hinaus. Als andere sich unter Bäumen verkrochen, hielten wir unsere Gesichter Richtung Himmel. Der Regen durchnässte mein Kleid, machte das Make up zunichte und die Frisur komplett hinüber. Ja, ich hatte mich auf einen lauen Sommerabend mit einem traumhaften Sonnenuntergang gefreut und mein Plan war es, dabei gut auszusehen. Ich wollte den Tag so beenden, wie er bisher gelaufen war. Der Regen hatte mir nun einen Strich durch die Rechnung gemacht. Aber er tat auch noch etwas anderes mit mir. Er spülte den Staub und Dreck eines heißen Tages von mir ab. Und obwohl er mir meine

Vorstellung von diesem Abend und auch mein zurechtgemachtes Äußere nahm, war ich ihm dankbar für das, was ich in diesem Moment spüren konnte.

Das von der Sonne ausgetrocknete Gras fühlte sich unter den nackten Füßen gerade wieder herrlich frisch und weich an. Die Pfützen, die sich sekundenschnell auf dem asphaltierten Weg gebildet hatten, umspülten meine Knöchel mit lauwarmem Wasser. Auf meinen Armen bildeten sich Perlen. Ich beobachtete, wie sie langsam die Haut hinunterglitten und alles mitnahmen, was sich im Laufe des Tages dort angesammelt hatte. Hätte ich mich vor diesem Regen versteckt und geschützt, wäre all das Empfinden und Fühlen in diesem Moment nicht möglich gewesen. Und noch etwas berührte mich. Ich war nicht allein, sondern hatte eine Begleitung auf dem Weg durch das Unwetter, jemanden, der einfach wortlos und pitschnass an meiner Seite ging und all das mit mir teilte.

Ich weiß nicht, weshalb mich gerade letzte Nacht dieser Sommertag noch einmal einholte. Vielleicht, um mich daran zu erinnern, dass auch trübe Momente ihre Bedeutung haben. Sie zeigen mir, was ich niemals erfahren würde, wenn sie ausblieben. Dabei sind sie verdammt wichtig, um meinen Blick wieder für das Wesentliche zu klären, auch, um mich erkennen zu lassen, wer mich im Regen nicht allein stehen lässt; wer bei mir ist, wenn ich hilflos zusehen muss, wie meine Vorstellungen vom Leben gerade in kleinen Rinnsalen davonfließen oder ich eben mal nicht in den schönsten Farben leuchte.

Deshalb ein Danke an die beiden Menschen, die mutig genug waren, mich gestern zu besuchen. Danke, dass ihr mich nicht zum Test gedrängt, sondern euch trotz eigener Ängste und Gedanken in dieser verrückten Zeit einfach nur zu mir aufs Sofa gesetzt habt. Danke, dass ihr in meiner Hilflosigkeit und Traurigkeit dagewesen seid und mich für einen Moment im Regen begleitet habt.

Besinnlichkeit

Es ist Heiligabend und ich werde allein sein. Das macht mich sehr traurig, denn zu diesem Abend gehören für mich die Wärme flackernder Kerzen, Gerüche, die es zu keiner anderen Zeit des Jahres gibt, eine laute Welt, die sich kurzzeitig in Stille bettet und Menschen, die mir nah sind, die ich liebe. Aber eben diese haben sich für heute aus unterschiedlichsten Gründen anders entschieden.

Warum bin ich eigentlich so traurig? Ich habe mir zuhause eine lichtvolle Atmosphäre geschaffen, mir selbst in den letzten Tagen ein paar kleine Geschenke gemacht und etwas Schönes zu Essen vorbereitet, selbst wenn ich heute Abend mit meinem Glas Wein nur der Wand gegenüber zuprosten werde.

Ich weiß, dass ich im Grunde genommen mein ganzes Leben allein bin und das beginnt bereits bei der Geburt. Ganz gleich mit welchem Tohuwabohu wir auf dieser Erde empfangen werden, durch den Geburtskanal müssen wir uns im Normalfall allein kämpfen. So ähnlich wird es auch in der Stunde unseres Todes sein. Vielleicht werden in diesem Moment Menschen an unserer Seite sitzen. Den Weg hinüber gehen wir allerdings allein und niemand wird uns freiwillig begleiten. Weshalb sollte also in der Zeit zwischen Geburt und Tod irgendetwas anders sein?

In den vergangenen Wochen und Monaten fühlte ich dieses Alleinsein ganz besonders. Wenn man in Ruhe und friedlich dasitzend dem Treiben einer scheinbar aus den Fugen geratenen Welt zuschaut; wenn man dem Gestank der Angst entflieht und sich Räume zum freien Atmen schafft, wird man sehr schnell nicht mehr verstanden und wünscht sich oft jemanden, der sich einfach mit der gleichen Gelassenheit dazu setzt. Man ist quasi allein unter Menschen.

Als ich Anfang 2020 mein erstes veröffentlichtes Buch in den Händen hielt, hörte ich oft den Satz: „Ich freue mich für dich." Aber dieses eigene Hochgefühl, verbunden mit Stolz und Freudentränen, konnte niemand anders für mich fühlen. Das erlebte ich für mich allein.

Wenn ich an manchen Tagen stundenlang wie ein Embryo zusammengerollt unter meiner Decke liege, weil ich Schmerzen habe, tut es gut, wenn jemand für ein Weilchen da ist und mich ablenkt. Trotzdem muss ich letztendlich der Hilflosigkeit und Ohnmacht dieser Krankheit allein gegenübertreten.

Wenn ich im Leben etwas entscheiden muss, können mir andere Ratschläge geben, auch versuchen, mich zu belehren oder zu bekehren. Die Entscheidung selbst, muss ich jedoch immer allein treffen und ebenso deren Konsequenzen und die Verantwortung dafür tragen. Das nimmt mir niemand ab.

Wenn meine Seele schreit, weil sie verletzt und zerrissen scheint, dann kann man mir zuhören, wenn ich reden möchte. Aber der Aufgabe des Reparierens und Heilens muss ich mich allein stellen. Den tiefsten Schmerz kann niemand für mich fühlen, den muss ich mit mir selbst aushalten.

Ich kann versuchen zu erklären, was Liebe für mich bedeutet, wie sie sich anfühlt und wen oder was sie alles einschließt. Wenn der andere so eine Liebe aber nie selbst gespürt oder erfahren hat, ist jedes Wort sinnbefreit. Ich kann sie nur still und leise für mich allein (er)leben und mein Herz davon fluten lassen.

Wenn mir all das klar ist, weshalb bin ich dann heute, am Heiligabend, so wahnsinnig traurig? Vielleicht, weil es in all dem Alleinsein auch Menschen gibt, die mir wichtig sind. Da sind jene, die in diesem Jahr mit mir lachten, mit mir träumten, die mich umarmten und denen ich vertraute, die mich begleiteten. Ich denke aber auch an jene, die ich begleitete, an deren Seite ich felsenfest stand, denen ich Halt gab und Verlässlichkeit. Ich erinnere mich gerade an mehrere „Ich werde für dich da sein."

Ich weine wohl ein wenig, weil mir diese Menschen wichtig sind, weil ich sie liebe und der Zauber, den ich seit meiner Kindheit mit dem Heiligabend verbinde, ohne sie nicht derselbe ist. Vielleicht fühle ich mich heute nicht einfach nur allein, sondern ein wenig einsam und vergessen. Ich bin eben auch nur ein Mensch.

Und selbst, wenn heute niemand bei mir ist, wünsche ich in Gedanken allen, die meinen Weg in diesem Jahr kreuzten, teilten, mit mir gingen oder verließen, wunderschöne Weihnachten. Ich gebe ihnen ein wenig von meinem geheimnisvollen Zauber dieser Zeit mit.

Und vielleicht, wenn zur Nacht alle Kerzen erloschen sind, besinne ich mich in Anbetracht der Besinnlichkeit dieser Zeit vielleicht tatsächlich darauf, dass das stille Gespräch mit der weißen Wand beim Essen ebenso wie das Alleinsein manchmal gar nicht das schlechteste, sondern das ehrlichste ist.

Dein Versprechen

Ein Freund, der weiß, wie gerne ich Musik höre, schickte mir neulich einen Musiktitel. Er dachte sich nichts dabei und hatte keine Ahnung, was dieses Lied mit mir machen würde. Aber der Liedtext berührte mich so sehr, weil er dich für ungefähr drei Minuten zurückbrachte.

Es ist nicht das erste Mal, dass wir uns begegneten und wieder voneinander gingen. Jedes Mal hatten wir wunderschöne Zeiten miteinander, nur um uns in der schönsten wieder zu verlieren. Niemand hat verstanden, warum das mit uns geschieht. Auch wir nicht. Aber diesmal ist irgendetwas anders.

Ich habe dir nicht wie nach all den anderen Abschieden noch Worte hinterhergeschrieben. Mich dir nochmals zu erklären, war mir nicht mehr wichtig. Wozu etwas wiederholen, was du alles schon weißt? An meinem Gesagten ändert sich nichts. Ich muss dir auch nichts mehr beweisen. Will ich jemanden halten, der nicht gerne und freiwillig bei mir ist? Nein, manchmal braucht es eben viel Liebe, jemanden weiterziehen zu lassen, seiner Suche nicht im Weg zu stehen.

Anders ist auch, dass ich dieses Mal nicht mehr traurig bin, weil du fort bist, sondern verdammt dankbar, dass du wieder einmal da warst. Aber Vorsicht, auch Dankbarkeit kann Tränen hervorrufen.

Nein, jetzt gerade vermisse ich nicht deine Lügen, von denen du glaubtest, dass ich sie nicht bemerke. Ich vermisse auch nicht deine letzten lauten, ungerechten Worte. Aber ich vermisse bei dieser Musik den Menschen, der mit mir die Lebensfreude teilen konnte; der im eigenen Schmerz mit mir staunte, lachte und verrückte Dinge tat; der sich ohne große Diskussionen auf meine Ideen einließ und mich mit seinen eigenen überraschte. Ich denke gerade an den Mann, in dessen Arm es schön warm war, wenn mich die Kälte im Außen frieren ließ und dessen Augen mich manchmal anstrahlten, ohne dass der Mund sprechen musste. Ich vermisse den, der statt in einer sicheren, warmen Komfortzone zu liegen, viel lieber nachts mit mir draußen saß und den frischen Wind, diesen Atem des Lebens, inhalierte. Ich vermisse dich, der sich Sonntagfrüh spontan mit mir in den Zug setzte, nur um in der nächsten Hafenstadt ein Fischbrötchen zu essen. Ich vermisse dein „Ich hol dich ab." Während dieses Lied im Hintergrund spielt, vermisse ich auch den Augenblick, als wir beide nachts mit den Beinen im Meer standen, uns ganz fest umarmten und du sagtest: „Lass uns so für immer stehen bleiben." Ich tat es. Ich blieb an deiner Seite stehen. Immer.

Weißt du eigentlich, dass mich jeder Lkw, der auf der Straße an mir vorbeifährt, in jene Nächte mitnimmt, in denen ich mit dir in eben solchem über die Autobahn fuhr und der riesige Vollmond scheinbar vor uns auf der Fahrbahn fiel? Kannst du dir vorstellen, dass über dem See immer noch unser gemeinsames Lachen hallt? Es ist einfach dortgeblieben. An seinem Ufer liegen sogar immer noch der Duft unseres Rotweins und der Rauch unseres kleinen Grills in der Luft. Auch die Wellen des Meeres schlagen weiterhin flüsternd an den Strand. Es ist, als ob sie uns noch einmal umarmen möchten, so wie in den Nächten, in denen die Sterne klar und wir so still waren.

Ich habe gesehen, wie die Sonne beim Aufgehen immer noch lächelt, weil sie sich an unser gemeinsames Staunen erinnert und wie sie beim Untergehen weiterhin sekündlich ihre Farben wechselt, weil sie noch sehr gut weiß, wie sie uns damit beeindrucken konnte. Ich bin mir auch sicher, dass die Markise deines Balkons sich immer noch zusammenrollt, um nicht sehen zu müssen, was wir dort Verrücktes angestellt haben. Dieses Lied bringt mich gerade jetzt auch dorthin, wo du so nah bei mir lagst, dass ich deinen Herzschlag in meiner Brust spüren konnte, deine Hände meine Haut berührten und dein Arm mich die ganze Nacht festhielt, so als könne mir in deiner Nähe nie etwas Böses widerfahren. All diese Zeiten mit dir werden mich stets begleiten. Sie gehören zu mir und auch zu dir.

Keiner konnte mir bisher die Frage beantworten, weshalb unser Miteinander nie auf Dauer Bestand hatte. Auch das ist nun anders. Ich brauche keine Antwort mehr darauf. Stattdessen frage ich mich, ob du an dem Platz, an welchem du nun sitzt, vielleicht wirklich besser aufgehoben bist als an meiner Seite. Dort ist es gewiss ruhiger, vorhersehbarer, kalkulierbarer und auf dich abgestimmt. Ich kann mir vorstellen, dass du dort hervorragend um- und versorgt bist. Vielleicht wirst du auch gebraucht oder du brauchst und es ist so für dich bequemer. Das ist okay. Ich wünsche mir jedoch insgeheim, dass du dich nie anpassen, in Abhängigkeiten begeben oder zurechtbiegen lassen musst, nur damit es für dich gemütlich und sicher bleibt. Ich wünsche dir so sehr, dass du im Zauber des Neuen nicht wieder deinen ganz eigenen Raum aufgibst, den du dir erschaffen hast. Ich möchte gerne, dass du stets du selbst bleiben kannst, so wie ich dich erleben durfte. Deshalb, pass gut auf dich auf!

An meiner Seite war es nämlich nicht einfach und planbar. Ich bin zu lebenshungrig, zu neugierig und zu ungeduldig. Ich möchte alles sofort umsetzen, weil ich nicht weiß, ob es mir morgen noch möglich ist. Und ja, ich möchte dabei meine Liebe ausleben. Ohne Zurechtweisungen möchte ich umarmen dürfen, wann und wo mir danach ist. Ich möchte Nähe so tief, dass es weh tut, weil Oberflächlichkeiten mich langweilen. Mit mir ist es nicht sicher, weil ich zu wenig Angst und zu viel Mut habe. Wirklich sicher war nur eines: Meine Liebe. Diese Liebe, die du zum Schluss belächelt hast, war der Ort, an dem du jederzeit willkommen warst, obwohl sie all deine Unzulänglichkeiten und Eigenarten sah. Sie hat mich gestärkt und in mir diesen ungeheuren Mut hervorgebracht, dir nach jedem Gehen ein Wiederkommen zu ermöglichen. Hat sie dir Angst gemacht? War sie nicht auszuhalten?

Ja, diesmal ist alles anders. Ich wollte all deine schönen Worte vergessen, weil ich nicht mehr einordnen konnte, welche davon ernst gemeint waren. Und doch glaube ich an eines deiner Versprechen. Ich vertraue irgendwo tief in mir deinem „Ich werde dich abholen." Egal, in welchem Zusammenhang du dieses ein letztes Mal gesagt hast. Es klang so ehrlich, so, als ob es daran nichts zu zweifeln gäbe. Ich kann nicht erklären, weshalb ich ausgerechnet diesem Versprechen glaube. Ich bin mir aus irgendeinem Grund sicher, dass dich eines Tages der Mut findet, der mich nun nach all den Jahren verlassen hat. Und dann wirst du es tun. Du wirst mich dort abholen, wo du mich stehengelassen hast. Wahrscheinlich werden wir uns in die Augen schauen und sagen: „Komm, lass uns den Unfug einfach wieder machen."

Bis dahin geht das Leben weiter. Wir leben weiter. Ich ohne dich, du ohne mich. Nur manchmal zünde ich mir abends das Lämpchen an, das du mir einst geschenkt hast und erinnere mich lächelnd dabei an dein „Vergiss nie: Egal, was mit uns in diesem Leben geschieht; für dich wird in meinem Herzen immer ein kleines Licht brennen."

Und die drei Minuten eines Liedes, das mir ein Freund total unbedacht schickte, gehen dabei sehr schnell vorbei.

Der Baum

Es ist der 31. Dezember 2020 und ich frage mich gerade, was sie dir eines Tages über dieses Jahr erzählen werden. Wahrscheinlich wirst du viele unterschiedliche Meinungen zu hören bekommen. Welche davon du dann glaubst oder als wahr erachtest, vermag ich heute noch nicht zu wissen. Aber, wenn du irgendwann alt genug bist, um dies zu lesen, sollst du verstehen, wie ich, als deine Oma, dieses Jahr sah.

Im Frühjahr begannst du zu laufen. Du bist oft gefallen und doch wieder aufgestanden. Das Gehen lerntest du quasi in einer Zeit, als die Welt erstarrte und still zu stehen schien. Parallel dazu brabbeltest du deine ersten Worte und sehr schnell kleine vollständige Sätze. Du lerntest sprechen, als die Menschen sprachlos wurden. Zwar standest du vor abgesperrten Spielplätzen, buddeltest dafür aber im kleinen eigenen Sandkasten auf dem Balkon. Während viele Eltern mit der Situation, ihre Kinder nun über längere Zeit zuhause betreuen zu müssen, an ihre Grenzen stießen, sagte deine Mama, die auch nicht arbeiten gehen konnte: „Ich genieße es, denn ich werde wohl nie wieder so viel Zeit mit meinem Kind verbringen können."

Ich habe in diesem Jahr sehr oft den Satz „Ich will die Normalität zurück." gehört. Deshalb habe ich Google nach der Definition von „normal" befragt. Die Antwort war: „so [beschaffen, geartet], wie es sich die allgemeine Meinung als das Übliche, Richtige vorstellt" Aber ist die allgemeine Meinung und deren Vorstellung wirklich immer richtig und so normal?

Ich sah im Frühjahr einen strahlend blauen Himmel, wie ich ihn schon lange zuvor nicht mehr gesehen hatte, weil nun keine Flugzeuge flogen. Die Vögel zwitscherten lauter, weil kein lärmendes Treiben auf den Straßen sie übertönen konnte. Das Wasser im See war klarer, weil keine Motorboote darauf fahren durften. Ich hatte das Gefühl, Leben in seiner Reinheit atmen zu können. Und das tat ich auch in vollen Zügen.

Sicherlich war es diesem Jahr stiller. Es stimmt, dass wir weniger zwischenmenschliche Kontakte hatten. Aber jene Momente mit Menschen, die mich durch diese Zeit begleiteten, waren umso intensiver. Ich erlebte im Lockdown eine ungewohnte Präsenz von ihnen. Sie waren durch die sogenannte Normalität eben nicht abgelenkt, sondern in den Stunden, in denen ich Zeit mit ihnen verbrachte, wirklich bei mir. Sie inhalierten mit mir gemeinsam das einfache Leben, weil nichts anderes zur Verfügung stand. Das hat sich natürlich irgendwann im Laufe des Jahres wieder aufgelöst. Aber so ist es dann eben, wenn die Normalität teils zurückkehrt und alte Gewohnheiten weitergelebt werden können. Es war zumindest eine Chance, etwas anders zu (er)leben.

Vielen wurde durch die Lockdowns ihr gewohnter Alltag genommen. Jegliche Bespaßung durch Einkaufscentren, Kinos, Restaurants und Cafés fiel weg. Sie mussten sich mit sich selbst befassen. Ich glaube wirklich, dass so etwas schwierig sein kann, wenn man das bisher als sein normales Leben wahrnahm und täglich die gleiche Runde im Rad der Routine lief. Was, wenn dieses plötzlich stillsteht? Habe ich es einfacher in dieser Zeit, weil ich selbst mein wirklich normales, einfaches Leben nicht in Konsumhochburgen sehe? Weil für mich das aufregendste Kino immer noch dort draußen stattfindet? Naja, tatsächlich fehlen auch mir hin und wieder geöffnete Cafés. Allerdings nur, weil sich bloß wenige in der kalten Jahreszeit dazu überreden lassen, mit mir den Kaffee ganz unspektakulär aus einer Thermoskanne am See zu trinken. Das ist für sie eben nicht normal.

Mir ist selbstverständlich klar, dass Viele in diesem Jahr um ihre Existenz bangten oder sogar verloren. Mir ist ebenso bewusst, dass Homeschooling und Homeoffice in Verbindung eine große Herausforderung darstellen. Aber was immer du irgendwann über diese Zeit erzählt bekommst, für mich persönlich war es ein Aufatmen und Wahrnehmen des wirklichen Lebens. Es war die Möglichkeit, jetzt nur meine eigene kleine Freiheit zu spüren. Denn egal, inwieweit man unser Tun ein- oder beschränkt, das Herz und der Geist bleiben frei, wenn wir es freihalten. Dann sehen wir weiterhin mit Staunen einem Sonnenauf- oder -untergang zu. Dann wird uns weiterhin der See oder das Meer mit seiner Weite berühren. Die Frische eines Wintermorgens wird uns tief atmen lassen. Wir können uns nach wie vor am Duft des Lebens erfreuen. Das schafft uns Stabilität und Frieden, wenn im Außen alles wirr durcheinanderfliegt. Ist das nicht Normalität?

Vor ein paar Tagen gingen wir spazieren. Es war stürmisch und der eiskalte Wind fegte uns um die Ohren. Plötzlich bliebst du zweijähriger Zwerg stehen und schautest zu einem Baum hinauf. Du hobst deine kleinen Schultern und sagtest: „Omi, alle Blätter runtergefallen." Nichts hinderte dich in diesem Moment daran, innezuhalten und mir zu zeigen, was dem Baum geschehen war. Genau das meine ich. Sich in der eisigsten Kälte, im lautesten Sturm den Blick für das Wesentliche sowie das eigene Staunen und die Neugier zu bewahren, sollte nicht nur euch Kindern möglich sein.

Heute, am letzten Abend des Jahres, wünschen sich gewiss viele Menschen ein besseres neues Jahr. Sie fürchten sich davor, dass es so weitergehen könnte, wie das alte endet. Sie wollen Veränderung, aber eigentlich auch nicht. Denn letztendlich möchten sie nichts als ihre alte, gewohnte Normalität zurück. Ich denke allerdings, normal ist einzig die Gewissheit, dass sich alles jederzeit verändert und das Leben an sich trotzdem weiter geht. Wer entscheidet, ob und für wen es dann besser ist? Anders wird es sein, nicht unbedingt besser.

Meine kleine Maus, wenn sie dir irgendwann von diesem verrückten Jahr berichten oder du selbst dunkle Zeiten in deinem Leben erfährst, erinnere dich an den Baum, vor dem wir im Dezember 2020 standen. Erinnere dich an dein Unverständnis dafür, wie leer und leblos er dir in diesem Augenblick erschien. Vergiss aber bitte auch nicht meine Worte, als ich mich zu dir hinunter hockte, deinen kleinen Rücken streichelte und sagte: „Ja, die Blätter sind alle abgefallen. Der Baum hat sie verloren. Aber das ist nicht schlimm, denn bald schon wird er wieder ganz viele neue Blätter bekommen."

Die leise sind

Ich bin sehr erstaunt, wenn Menschen mich fragen, was mit mir nicht in Ordnung sei. Ich wirke traurig und was ich schreibe, erscheint ihnen depressiv. Ein wenig schmunzle ich dann in mich hinein, denn ich bin gewiss nicht depressiv.

Es ist nur so, dass ich manchmal in Sphären schwebe, in die mir kein anderer folgen kann oder will. Ich schwimme auch oftmals gegen den reißenden Strom von Gefühlen, gegen die ich jedoch gar keine Chance habe. Und zeitweise ist der Schmerz, den ich in mir trage, so groß, dass ich davon müde werde; in einigen Zeiten auch schonmal des Lebens müde. Dann bleibt mir nichts weiter übrig, als mich einfach kampflos in all das fallen zu lassen. Ich ziehe mich zurück und werde leise, damit ich sie wieder hören kann, die Stimme des Lebens, die scheinbar so weit entfernt ist und doch so lange nach mir ruft, bis ich mich an sie erinnere.

Wenn du mich dann so still erwischst, spiele ich vielleicht gerade nur mit den morgendlichen Sonnenstrahlen, rekel mich wohlwollend im Wind, der mich umarmt, tanze im Geist zur Musik der Wellen im Meer oder bewundere das Farbenspiel der untergehenden Sonne. Warum sollte ich laut darüber reden? Würdest du mein Staunen über die Schönheit und den betörenden Duft des Lebens verstehen? Hast du dafür Zeit? All das ist es nämlich, was mich wieder hebt, wenn ich gefallen bin und mich trägt, wenn mir alles zu schwer wird. Das bleibt auch bei mir, wenn niemand mehr da ist. Dort fühle ich mich gut aufgehoben und frei von all dem lauten Gewusel dieser Welt, welches mich von dem ablenken könnte, was gerade mit mir geschieht. Ich kann mich selbst nur da, wo ich still bin, hinterfragen und spüren sowie Antworten finden, die mir sonst niemand geben kann.

Weißt du, leise Menschen wie ich sind nicht krank und depressiv. Im Gegenteil. Wir sind wahnsinnig verliebt, verliebt in das Leben. Allerdings nicht in das, was uns täglich als erfülltes Leben präsentiert wird, sondern in das wirkliche Leben, welches wärmt, fließt, rauscht, stürmt, blüht, aber auch wieder vergeht, ohne dabei Lärm zu machen.

Besonders schön ist es übrigens, ebensolchen leisen Menschen zu begegnen. Man braucht sich ihnen nämlich nicht mehr erklären. Sie verstehen einen, ohne dass man sprechen muss. Sie sehen dasselbe, ohne dass man darauf zeigen muss. Sie erkennen sich gegenseitig, ohne dass man erst Masken abnehmen muss. Sie halten sogar das gemeinsame Leise-Sein aus.

Und glaub mir, bei solch einer Begegnung kann es dann sogar laut werden. Wenn diese Menschen gemeinsam das Leben feiern, färbt es sich bunt in ihrem Lachen und ihrem Spaß. Es formt leuchtende Ballons aus ihren Ideen und ihrer Freude. Sie tanzen ausgelassen in dem Vertrauen und der Liebe, die sie immer wieder dort finden, wohin ihnen manch anderer eben noch nicht folgen kann oder will.

Sie frohlocken in der Stille und dem Leise-Sein, im Leben.

Einzelschicksal vs. Selbstliebe

Durch meinen Job beim Insolvenzverwalter arbeite ich in einer Branche, die im Grunde genommen vom finanziellen Desaster und Leid anderer Menschen lebt. Hinter all den Aktenzeichen verbergen sich aber auch Lebensgeschichten. Im Laufe der Jahre, die so ein Verfahren dauert, werde ich oftmals mit dem Alltag und dem Leben dieser Menschen konfrontiert. Am Telefon erfahre ich von Verlusten, Ängsten, Krankheiten und sehr oft vom Tod.

Da ist zum Beispiel der Familienvater, der plötzlich nicht mehr arbeiten kann, weil er psychisch erkrankt ist. Sein Leben ist aus dem Gleichgewicht geraten, seit er erfuhr, dass sein sechsjähriger Sohn mehrfach sexuell missbraucht wurde. Da ist die alleinerziehende Mutter von drei Kindern, die in zwei Jobs arbeitet, um ihren Lebensunterhalt bestreiten zu können. Ich sprach mit dem Mann Mitte 50, der nach jeder erneuten Operation hofft, den Gehirntumor besiegt zu haben. Seine Frau hat ihn nun verlassen, weil sie mit der Situation nicht mehr leben konnte und der Tumor ist erneut gewachsen. Da ist die Mutter, welche in Gegenwart ihrer Kinder häusliche Gewalt erleben musste. Ich hatte auch den älteren Fernfahrer am Telefon, der nach über einem Jahrzehnt in der Firma morgens bei Arbeitsbeginn völlig unvorbereitet seine Kündigung auf dem Fahrersitz liegen hatte.

Ganz oft denke ich an den Mann, so alt wie ich, der bereits palliativ im Hospiz betreut wurde und das Insolvenzverfahren schnell vorzeitig beenden wollte. Seine Familie sollte nicht seine Schulden erben. Er arbeitete vom Krankenbett aus hervorragend mit und ich beeilte mich mit der Bearbeitung. Im letzten Telefonat versprach ich ihm, dass wir es noch vor seinem Tod schaffen werden. Meine letzte E-Mail wurde dann nicht mehr beantwortet. Wir haben es nicht geschafft.

Und dann war da noch die Frau, die mich an einem Freitagnachmittag anrief. Sie war völlig aufgelöst und weinte. Das Einzige, was sie ins Telefon rief, war: „Sie müssen mir helfen. Ich brauche doch etwas zu Essen, zu Trinken und Futter für meine Katze." Auf meine Frage nach ihrem Problem, bekam ich als Antwort nur lautes Schluchzen. Ich musste eine Weile auf sie einreden, bevor ich erfuhr, dass sie gerade am Kassenschalter ihrer Hausbank stand und man ihr kein Geld auszahlen wollte. Weshalb, das konnte sie mir nicht sagen. Stattdessen wiederholte sie immer wieder verzweifelt und weinend ihre Bitte nach Hilfe, damit sie und ihre Katze übers Wochenende versorgt wären.

Es war ein schwieriges Telefonat, bei dem mir auch der Bankangestellte nicht helfen wollte, denn er weigerte sich pandemiebedingt, das Telefon der Frau in die Hand zu nehmen, um mir zu erklären, welches Problem bestand. Stattdessen konnte ich mithören, wie er seine weinende Kundin barsch aufforderte, ihre Maske gefälligst wieder ordnungsgemäß aufzusetzen, während sie sich die Nase schnäuzte. Ich musste selbst erahnen, was die Lösung des Problems sein könnte. Also setzte ich ein kurzes Schreiben an die Bank auf und faxte es sofort dorthin. Mehr war mir nicht möglich und ich hoffte, dass es ausreichen würde.

Um nach diesem Telefonat durchzuatmen, zog ich meinen Mantel über und ging mit einer Zigarette vor die Bürotür. Eine Kollegin folgte mir kurz darauf. Sie wollte wissen, was mit mir los sei. Ich erzählte ihr von dem Telefonat und wie ich mich gerade fühlte. Sie legte mir die Hand auf den Arm und sagte lächelnd: „Ach komm, das ist doch nur ein Einzelschicksal."

Nur ein Einzelschicksal! Ich war erschrocken.

Diese Kollegin hatte mir einige Tage zuvor stolz davon berichtet, dass sie an ihrer persönlichen Weiterentwicklung arbeitet und sehr gut vorankommt. Sie beschäftigt sich abends mit geführten Meditationen, lauscht den Podcasts von diversen Coaches und schaut Videos kluger Trainer. Bisher dachte ich mir, es ist okay, wenn es ihr hilft. Die Grundzutat ihrer Weiterentwicklung nennt sich dabei Selbstliebe. Diese soll helfen, sich abzugrenzen, um weniger emotional auf andere Menschen und deren Geschichten zu reagieren. Es steht für mich außer Frage, dass man sich immer zuerst um sich selbst gut kümmern sollte. Denn sonst kann ich ohnehin anderen Menschen keine Hilfe sein. Aber, wenn diese Selbstliebe dahingehend ausufert, dass ich die Hilflosigkeit und Not eines anderen Menschen als nichtig erachte, bin ich dann auf dem richtigen Weg?

Ich selbst ertrage das Wort Selbstliebe nicht mehr und wenn diese dermaßen in Arroganz und Ignoranz mündet, stagniere ich sehr gerne in meiner eigenen Weiterentwicklung. Es wirkt auf mich so lächerlich. Der Mensch bäumt sich großkotzig auf und will die Welt retten; aber nicht, indem er sich dafür bewegt, sondern so bequem wie möglich, mit ein paar Klicks vom gemütlichen Sofa aus. In all dem tastatur- und mausgesteuerten Wichtigtun und der Aufklärung über das große Ganze, wird das, was direkt neben uns geschieht, scheinbar großzügig übersehen.

Diese weinende Frau am Freitagnachmittag ist von Beruf Kellnerin. Sie muss zurzeit von Sozialleistungen leben; nicht, weil sie nicht arbeiten will, sondern weil sie durch die Willkür und die Bestimmungen von anderer Stelle seit Monaten nicht arbeiten darf. Ja, sie ist nur eines von vielen Schicksalen. Aber bin ich selbst nicht auch nur ein kleines einzelnes. Wer wird für mich aufstehen, wenn ich mal Hilfe benötige? Wer wird meine Verzweiflung ernst nehmen, wenn jeder nur wohlwollend in seiner Selbstliebe badet? Nein, ich will und kann nicht die ganze Welt retten. Aber ich kann durchaus an einem Freitagnachmittag das Problem eines anderen ernst nehmen, einen Zweizeiler schreiben, ein paar Meter zum Faxgerät laufen und dieses einem überheblichen und ignoranten Bankangestellten schicken, damit irgendwo eine Frau aufhört zu weinen.

Dabei geht es mir nicht um Dank oder darum, ein besonders guter Mensch zu sein. Nur menschlich bleiben, das möchte ich, auch dann, wenn andere das im Rausch ihrer grandiosen Weiterentwicklung durch Selbstliebe als Schwachpunkt in meiner Persönlichkeitsentwicklung ansehen.

Und als dieser Mensch, den ich versuche, mir zu bewahren, schmunzelte ich am Montagmorgen bei dem Anruf einer Frau, die sich mehrfach dafür bedankte, dass sie bereits am Samstag nach unserem Telefonat Essen, Trinken und Futter für ihre Katze kaufen konnte. Und diesmal lachte sie ins Telefon.

Angst vor dem Mut

Der Chef fragte in der vergangenen Woche, wen er von uns Mitarbeitern zum Impfen gegen Covid-19 anmelden solle. Die meisten von uns hatten bereits eine klare Antwort parat. Dann wurde die Kollegin gefragt, welche die gute Seele des Büros ist. Sie hält uns den Rücken frei, organisiert, und kümmert sich darum, dass es uns bei unserer Arbeit gut geht. Sie möchte es stets allen recht machen. Auf die Frage des Chefs schüttelte sie zaghaft und mit entschuldigendem Blick den Kopf. Es folgte auch eine kurze Erklärung: „Noch nicht." Später sagte sie zu mir, dass sich ihr Nein komisch angefühlt habe. Ich musste lächeln. „Aber geil, oder?" Ist sie das erste Mal mutig gewesen?

In den vergangenen Tagen fiel in Gesprächen, die ich führte, öfter das Wort Mut. Aber was ist eigentlich Mut und brauchen wir ihn wirklich? Mutig zu sein, bedeutet, sich gegen alle Ängste und Zweifel für etwas zu entscheiden und diese Entscheidung dann zu tragen. Es kann durchaus dazu führen, es anderen plötzlich nicht mehr recht zu machen oder nicht verstanden zu werden. Aber ist dieser sogenannte Mut nicht eher ein Folgen und Sich-Hingeben? Ich höre schließlich gerade auf das, was in mir drinnen flüstert oder mich regelrecht anschreit. Da ist etwas,

was ausgelebt werden will oder sich auf heftigste Weise gegen etwas sträubt. Ich folge meinen Impulsen und meiner eigenen Intuition. Wenn es sich für mich in diesem Moment richtig anfühlt, gebe ich mein Ja oder andersherum eben mein Nein. Ich entscheide in meinen mutigsten Augenblicken aus dem Bauch heraus. Der Verstand, der es gewohnt ist, auf das zu reagieren, was allgemein als richtig oder falsch angesehen wird, braucht keinen Mut. Ihm zu folgen, ist der einfachste Weg. Wenn er aber leise wird, weil ihn der Schrei tief in mir übertönt, bleiben Kraft und Stärke die mich von innen nach außen antreiben und nicht mehr umgekehrt. Ist das mittlerweile Mut? Was stand ihm bisher im Weg?

Es ist unsere Angst, eine falsche Entscheidung zu treffen, gegen den Strom zu schwimmen und damit aus der Reihe zu tanzen. Wir fürchten uns auch davor, mit ihr schmerzhaft hinzufallen. Aber wie oft sind wir denn als kleine Kinder beim Laufenlernen gefallen? Nie sind wir liegengeblieben, stattdessen immer wieder aufgestanden, vielleicht mit Schrammen und einer Beule, und doch sind wir einfach unserem Impuls gefolgt, unserem Wunsch, weiter zu laufen. Dafür brauchte es keinen besonderen Mut. Wir haben gar nicht darüber nachgedacht.

Ich muss nicht enorm mutig sein, um mir selbst zuzuhören, mir zu folgen und mich damit für mein ganz eigenes Leben, meinen Weg, für das, was mich ruft, aber auch für oder gegen bestimmte Menschen zu entscheiden. Es sollte selbstverständlich sein, mir selbst zu trauen und dieses Urvertrauen nicht von äußeren Einflüssen oder Meinungen zerschlagen oder anzweifeln zu lassen. Sicher muss ich manchmal dafür meine einst selbsteingerichtete Komfortzone verlassen. Es ist auch möglich, dass ich Menschen, die bei mir waren, dadurch verliere, dass ich entgegen ihren Vorstellungen handle. Und vielleicht fall ich mit meinem Bauchgefühl auch gehörig auf die Nase. Aber all das werde ich nur erfahren, wenn ich es ausprobiere und mich dem enormen Zug in mir drin endlich hingebe.

Dass Schrammen verheilen und Schmerz irgendwann verblasst, habe ich als Kind bereits gelernt. Egal, wohin mich mein sogenannter Mut führt; wichtig bleibt, dass ich mich wohlfühle und für mein eigenes Ja oder Nein niemandem eine Erklärung schulde.

Die Hauptsache ist, mein Leben fühlt sich für mich, nur für mich, gut und richtig an.

Glück des Schmerzes

Schmerzen sind real. Sehr viele Nadeln dieses stechenden Schmerzes durftest du im Laufe deines Lebens immer wieder spüren. Obwohl er dir bereits vertraut ist, versuchst du immer wieder, ihn zu begraben. Immer wieder! Du willst ihn weg-haben.

Es ist die geliebte Göttin Kali, auf die du triffst. Mit diesen Schmerzen wird sie dir rücksichtslos alles nehmen. Restlos! Lächelnd greift sie nach deiner Hand, um dich dann erbarmungslos in Stücke zu zerreißen.

Hab keine Angst vor ihr, denn sie zerstört lediglich all das, was nicht zu dir gehört. Es ist ihre Aufgabe, die Ignoranz und auch die Illusionen der Menschen zu beenden. Dieses Spektakel, was du als tiefen Schmerz empfindest, zelebriert sie so lange, bis du ihre Liebe annimmst.

Sie wird immer wieder deinen Weg kreuzen. Wenn sie dich wählt, hast du nicht die geringste Chance, ihr zu entkommen. Nach Kalis Kuss wird alles Unwesentliche verschwinden, wofür du bisher glaubtest, bis zur Erschöpfung kämpfen zu müssen. Die Illusion der Kontrolle wird dir genommen. Denn das Leben lässt sich nicht kontrollieren. Oft genug hast du diese Erfahrung schon machen können. Du wirst in Kalis Tumult alles verlieren und sie trotzdem lieben. Ja, sie zerstört gnadenlos. Aber ohne Zerstörung des Alten, ist Neues nun mal nicht möglich.

Dein tiefster Schmerz ist gleichzeitig dein Neubeginn; frei von Illusionen, frei von energieraubenden Kämpfen für und um etwas. Vor allem aber wirst du frei von unnötigen Ängsten. Denn welchen Verlust solltest du noch befürchten, wenn du bereits durch Kalis Sturm alles verloren hast? Dann kehren Stille und Ruhe ein. Du wirst, nun frei von Vorstellungen, Kontrollversuchen und Glaubenssätzen, die Einfachheit und Leichtigkeit des Lebens erfahren dürfen. Du spürst vielleicht das erste Mal in dir Liebe. Die Liebe, welche du so vorher wahrscheinlich nicht gekannt und gefühlt hast. Kali hat dir gezeigt, dass Leben und Tod eine untrennbare Einheit bilden. Ebenso verhält es sich auch mit Freude und Schmerz. Auch sie gehören zusammen.

Lass den Schmerz zu. Hör auf zu strampeln und dich dagegen zu wehren. Erinnere dich an das, was du bist. Liebe. Denn sie ist das Einzige, was bleibt, wenn dir scheinbar nichts mehr bleibt. Eine Liebe, die mit nichts erklärbar und vergleichbar ist.

Und der Schmerz, den du erfährst, wird dein Glück, auch, wenn du es jetzt noch nicht so sehen kannst.

Wann ist der Mann (m)ein Mann?

Vor einiger Zeit las ich einen Beitrag über die neue Konstellation von Mann und Frau. Da äußerte jemand seine Bedenken darüber, dass Frauen in meist spirituellen/esoterischen Kreisen als göttliche Zauberwesen angesehen werden, in deren Schoß das Glück der Welt ruht und dass Männer sich gefälligst anstrengen sollten, um diesem starken Geschlecht zu dienen. Er weigert sich, Frauen auf ein Podest zu stellen.

Ich schaute beim Lesen des Beitrages auf mich. Halte ich mich für eine Göttin? Wie wünsche ich mir einen Mann; den Mann an meiner Seite.

Dass aus dem Schoß von uns Frauen neues Leben geboren wird, sehe ich nicht als Anlass, uns zu vergöttern. Dadurch sind wir keineswegs besser als die Männer. Das ist schließlich immer noch eine Frage der Biologie. Im Übrigen benötigte ich tatsächlich das Zutun eines Mannes, um zwei Kindern das Leben zu schenken.

Ich wünsche mir von einem Mann nichts weiter, als dass er sich seines Mann-Seins bewusst ist, denn nur so wird er weder zu mir auf- noch auf mich herabblicken müssen. Wenn er sich für mich anstrengen oder anpassen muss, passt es im Grunde genommen von vornherein nicht.

Ich wünsche mir von dem Mann an meiner Seite nur, dass er mich als Frau sieht. Mehr nicht. Wenn er dazu in der Lage ist, kann ich mich nämlich auch frei in meinem Frau-Sein austoben. Dann muss ich nicht ständig das starke Geschlecht mimen, sondern darf auch albern, traurig, sensibel, emotional, sowie auch weich, zärtlich und verträumt sein, ohne mich ständig für irgendetwas davon rechtfertigen zu müssen.

Nur so ein Mann wird meine Fähigkeiten schätzen und meine Unfähigkeiten liebevoll ausgleichen können. Denn, Emanzipation hin oder her, ich gestehe, dass es Dinge gibt, die ich einfach nicht kann. Dieser Mann wird zu mir halten, ohne mich festzuhalten. Nur mit so einem Mann werde ich Intimität erfahren, welche nicht im Bett endet, sondern so viel tiefer geht, dass alte Wunden gepackt und vergilbte Muster aufgelöst werden. Auf beiden Seiten. Seine Ohren werden mich hören, selbst, wenn ich nicht reden kann, und seine Augen mehr in mir sehen als nur meinen Körper. Er wird meinem Frau-Sein annehmend gegenübertreten, so wie ich seinem Mann-Sein.

Wie aber könnte er all das, wenn er vor einem Podest, auf dem ich mich göttlich fühlend herumlümmle, am Boden kriecht? Wie soll er mich oder ich ihn begleiten, wenn wir uns auf unterschiedlichen Ebenen bewegen? Ich müsste mich krümmen und klein machen, um bei ihm zu sein, wenn er nicht in der Lage ist, sich selbstständig gerade vor mich zu stellen. Denn das ist der einzige Weg, sich offen und frei in Wertschätzung und Liebe zu begegnen. Sich voreinander stellen und gegenseitig annehmen, als das, was wir sind. Mann und Frau. Keiner besser oder schlechter, lediglich anders.

Herrlich anders übrigens, wenn wir uns gegenseitig auf gleicher Höhe in die Augen blicken und über unser Anderssein auch noch lächeln können. Das nenne ich dann Begegnung aus und in Freude.

Fertig gesponnen

Heute, an einem Septembermorgen, habe ich ein fantastisches und riesiges Spinnennetz im sich auflösenden Nebel entdeckt.

Und beim Bestaunen dieses Kunstwerkes wurde mir klar, dass ich wieder etwas hinter mir lasse. Einen Sommer!

Einen Sommer, der mich barfuß das Gras unter den Füßen spüren, die Sonne das Gesicht wärmen und die Seele tanzen ließ. Aber ich lasse auch Begegnungen hinter mir, die mich himmelhoch jauchzend und dann zu Tode betrübt sein ließen. Ich fand wieder ein Stück mehr Familie, aber traf auch Menschen, die mich kurz umarmten und dann wieder von sich stießen.

Ich lachte und weinte, war laut und wieder ganz still.

Ich wollte nur lieben und erfuhr Schmerz.

Ich schaute aufs Meer so weit in die Ferne und war mir selbst plötzlich nicht mehr nah.

Dieser Sommer war verrückt, großartig, fröhlich, übermütig, spontan, traurig und noch zig Adjektive mehr. Er wurde, ähnlich dem Spinnennetz, in all den vergangenen Wochen gewoben, um nun zart in der morgendlichen Herbstsonne glänzend als Ganzes gesehen zu werden, ohne dass es wichtig wäre, den Anfang oder das Ende zu erkennen. Einfach nur schön anzuschauen.

Und es wird mir wieder klar, wie schnell unsere Zeit hier läuft. Deshalb werde ich nun den Herbst genauso wie den Sommer leben. Immer mit dem Herzen, immer mit Humor und immer etwas frech sowie stets in genau diesem Moment, ohne irgendwann danach ein lautes Lachen oder eine stille Träne zu bereuen.

Denn, that's Life! Und wir wissen nicht für wie lange.

Benutzen und (Miss-)Brauchen

Im Moment bin ich sehr nachdenklich, was Freundschaften, Partnerschaften oder Bekanntschaften angeht. Ich habe das Gefühl, dass einige meiner zwischenmenschlichen Beziehungen ungesund sind. Es fühlt sich an, als befände ich mich in einem reißenden Strom voller Ertrinkender, die sich an mir festkrallen. An mir wird gezerrt und ich werde in Stromschnellen aus (Miss-)Brauchen und Benutzen hin und her gerissen.

Ich kenne dieses Gefühl bereits aus früheren Zeiten. Es hat Jahrzehnte gedauert, mich selbst dafür zu sensibilisieren, welche Freundschaften offen und echt oder doch nur benutzerdefiniert sind. Seit meiner Jugend zog ich Menschen an, die ihre Zeit nicht deshalb mit mir verbrachten, weil sie mich gern hatten oder schätzten, sondern weil sie mich brauchten. Sie benutzten meine Bedürftigkeit nach Aufmerksamkeit und auch Liebe für ihre Zwecke. Ich denke dabei gerade an die coolen Jungs aus meiner Schulzeit, die mich besuchten und ich mir einbildete, sie kämen wegen mir. Dabei wurde es lediglich meine Aufgabe, ihre Hausaufgaben für den Russischunterricht zu erledigen.

Ja, ich war eine gute Gesellschaft für mein Umfeld. Mir konnte man alles erzählen. Ich zerbrach mir den Kopf an Lösungen für die Probleme anderer; übernahm die Umsetzung sogar. Mit mir konnte man Spaß haben und sich somit sehr gut von sich selbst ablenken. Es war leicht, mich in eine andere Richtung zu ziehen, obwohl mich mein Weg eigentlich ganz woanders hinführen sollte. Ich war nicht ich. Ich wurde die anderen. Einen Vorwurf kann ich ihnen daraus nicht machen, denn ich ließ es ja schließlich zu. Durch meine ständige Präsenz war ich wichtig, wurde beachtet und fühlte mich eben, fälschlicherweise, geliebt.

Es hat sehr lange gedauert, bis ich merkte, dass ich für diese Menschen nur eine Hülle war, an deren starken Haut man sich immer wieder festkrallen konnte. Dabei war ich doch mehr als diese leere Hülle. Ich war ein Mensch, eine Frau und so gar nicht leer und immer stark. Meine Seele schrie ungehört danach, wahrgenommen zu werden. Wer konnte mich sehen mit meinen Träumen und Wünschen? Wen interessierten meine Gedanken? Wer verstand, was ich fühlte? Ich ließ es zu, dass mir Jahrzehnte lang meine Lebendigkeit und Identität entrissen wurde. Dabei vergaß ich meine eigenen Sehnsüchte und Bedürfnisse. Verschob sie einfach auf später. Heute weiß ich, dass ich von Freunden, Bekannten und auch

Männern nicht nur gebraucht, sondern auch für deren eigenen Unzulänglichkeiten und Bedürfnisse missbraucht wurde, weil ich für sie funktionierte.

Aber irgendwann erinnerte ich mich an mich. Um mich ans Ufer, heraus aus diesem fiesen Strom, zu retten, musste ich nur ein Wort lernen. NEIN! Nein sagen zu Menschen, die mir nicht gut tun. Nein sagen zu Menschen, die mich in ihrer kleinen dramatischen Welt einsperren wollen. Nein sagen zu Menschen, die versuchen, mich dorthin mitzuziehen, wo ich nicht hingehöre. Nein sagen zur Gesellschaft von Menschen, die mich auslaugt. Nein sagen zu jenen, denen egal ist, wer ich wirklich bin.

Dadurch hat sich mein Umfeld natürlich enorm ausgedünnt. Ebenso schwer ist es mittlerweile, sich in dieses hineinzujammern. Das bedeutet nicht, dass ich Hilf- oder Ratlosigkeit anderer Menschen ignoriere. Ich reiche gerne meine Hand, um jemandem aufzuhelfen. Ich habe Verständnis für schwierige Lebenssituationen, schließlich erfahre ich sie ja auch selbst. Aber ich möchte keine Menschen mehr um mich haben, die ihre Eigenverantwortung mit ungehöriger Selbstverständlichkeit und Ignoranz meiner Bedürfnisse auf mich übertragen. Ich kann nicht mehr zulassen, dass jemand in mir den einfachsten Weg sieht, in seiner Komfortzone verharren zu können und mich benutzt oder (miss-

)braucht, um unter seinem Problem, seiner Meinung, seiner Unzufriedenheit, seiner Trost- und Leblosigkeit meine enorme Lebensfreude, Träume, Wünsche und auch Wege zu vergraben.

Deshalb muss ich auch jetzt wieder dem Strom der Ertrinkenden entsteigen, damit sie die Chance ergreifen, sich aus eigener Kraft zu retten. Und ich möchte währenddessen meine Zeit mit jenen verbringen, die mich nicht brauchen oder benutzen. Ich freue mich auf Menschen, die mich durch ihr Sein bereichern und für deren Leben unsere gemeinsame Zeit ebenfalls eine Bereicherung darstellt.

Denn, wie sagte vor kurzem eine mir unbekannte Frau so passend? „Ich musste lernen, dass ich mehr als nur eine Benutzeroberfläche bin." Und dem habe ich nichts hinzuzufügen.

Bei dir kann ich sein

„Bei dir kann ich sein, wie ich bin." Diesen Satz sagte vor kurzem jemand zu mir und er hat mich damit unwissentlich ganz tief berührt. Dieser Mensch ist jemand, der auch mir seit Beginn unserer Begegnung das Gefühl gibt, immer sein zu können, wie ich bin. Und ich bin gewiss nicht immer einfach. In seiner Gesellschaft kann ich alles sein; albern, nachdenklich, zweifelnd oder auch ängstlich daherkommend. Ich kann dort lachen, aber ebenso auch mal weinen, wenn meine Gefühle und Emotionen Achterbahn fahren. Ich kann sagen, was raus muss oder auch für mich behalten, worüber ich nicht reden möchte. Ich bekomme das Gefühl geschenkt, dass ich mich für nichts verstecken oder gar schämen müsse. Was mich an dieser Aussage so sehr berührt, ist, dass wir beide trotz unseres gemeinsamen So-Sein-Könnens zwischenzeitlich auf Distanz gehen.

Uns verbinden seit unserem Kennenlernen hunderte Stunden intensive Gespräche, eine Menge gemeinsam geträumte Träume und ausgelebte verrückte Ideen. Wir schafften bereits gemeinsame Projekte und lungerten mit derselben Begeisterung an manchen Tagen nichts tuend und weintrinkend einfach nur herum. Jeder kann etwas anders besonders gut und genau damit unterstützten wir uns bisher gegenseitig und ernsthaft. Wir haben über uns selbst zig Male gelacht und genauso oft Blödsinn veranstaltet. Die gemeinsame Zeit erscheint immer wieder leicht und ohne Dramen oder komplizierte Diskussionen. Wir kennen einander ziemlich genau die Stärken und Schwächen des anderen. Und genau mit diesen können wir unbedacht und frei im Miteinander sein, ohne den Versuch, gegenseitig etwas am anderen ändern zu müssen. Aber jedes Mal, wenn durch all diese Gemeinsamkeiten zu viel Nähe und Vertrautheit, vielleicht sogar Intimität, entsteht, fliehen wir quasi voreinander. Wir gehen uns eine Weile aus dem Weg.

Anfangs ging diese Flucht nur von der anderen Seite aus und ich suchte lange verzweifelt Antworten nach dem Warum. Mittlerweile bemerke ich, dass ich selbst zu einer Flüchtenden werde. Den Grund für dieses Distanzverhalten kann ich natürlich nur aus meiner Sicht benennen. Mir scheint, wenn es zu nah wird, steigt Angst auf. Es ist die Angst, dass unbemerkt im unbekümmerten wilden Tanz der eigenen freien Seele mit der ebenso freien Seele eines anderen Menschen eine Fessel entsteht. Es ist die Sorge, dass wir dann an einem Punkt ankommen, an dem wir in Gegenwart des anderen plötzlich nicht mehr sein können, wie wir sind, weil sich Gewohnheit, Anpassung oder sogar Abhängigkeiten einschleichen. Dann müsste man sich vielleicht verformen und einen Teil von sich selbst aufgeben, sich anstrengen, um dem anderen weiterhin zu gefallen und ihn auf Dauer bei sich halten zu können. Es ist der Gedanke, dass man dafür den offenen Raum, in dem wir uns so gerne begegnen, durch zu viel Nähe, aber auch Berührung, einengt und verbarrikadiert. Solange die Nähe nicht zu nah ist, bleibt schließlich alles offen. Natürlich weiß ich, dass diese Gedankenmuster auf Erfahrungen beruhen. Das ist die Folge dessen, was wir bereits in vorherigen Freundschaften oder Partnerschaften erlebten. Diese projizieren wir nun voller Inbrunst in die Begegnung mit einem vollkommen anderen Menschen. Wir haben schließlich einen Grad an Freiheit erreicht, den wir nicht mehr bereit sind, aufzugeben. Uns könnte ja das passieren, was wir früher schon mal erlebten.

Das ist eigentlich absurd, wenn man sich, wie wir beide, nie, auch nur ansatzweise, versucht hat, einzuengen. Es wirkt dumm und unverständlich, sowas zu prophezeien, weil wir uns doch gerade in dieser absolut freien Begegnung wohlfühlen.

Aber vielleicht ist die Leichtigkeit, die Freiheit und Unbeschwertheit, die wir bisher miteinander (er)lebten, nicht glaubwürdig. Wir trauen all dem nicht. Es ist nach unseren bisherigen Erfahrungen nicht vorstellbar, dass die Begegnung zwischen einem Mann und einer Frau auf Dauer leicht und dramenlos funktionieren, dass unterschiedliche Meinungen und Ansichten zum bereichernden Austausch, statt zu Streit und stressbehafteten Konflikten führen können. Wir haben es so bisher schließlich noch nie erfahren. Also kann es so einfach auch nicht sein. Da muss es einen Haken geben. Somit geht man, wenn sich Fluchtverhalten einstellt, für eine Zeit lang dorthin, wo Nähe nicht als Gefahr erscheint und unterschiedliche Kostüme über die eigene Nacktheit und Verletzlichkeit gelegt werden können. Distanz wird dann zur Waffe gegen die Angst vor dem befürchteten Verlust der Eigenständig- und Einzigartigkeit, aber auch vor Nähe und Tiefe. Und diese Waffe kann durchaus auch mal Schmerz zur Folge haben, auf einer der beiden Seiten.

Sicherlich ist es sehr schade für zwei Menschen, wenn man sich, geprägt durch alte Muster und Konditionierungen, etwas Wertvollem und Schönem nicht hingibt, sondern den Zweifeln das Feld überlässt. Ich empfinde es manchmal, als ob wir dadurch das grelle gemeinsame Leuchten unserer geteilten unbändigen Lebensfreude extrem dimmen. Aber auch ich halte dieses Brennen nicht immer aus. Ich kann es nicht glauben.

„Bei dir kann ich sein, wie ich bin." hat mich, als Part zweier stetig Flüchtender, trotz allem erstaunlicherweise sehr tief berührt. Ich betrachte die Worte als Geschenk an mich, überreicht von einem Menschen, der sich mit allem, was er ist, so wie er ist, in meiner Gegenwart wohlfühlt. Mir persönlich sind sie im Augenblick wertvoller und wichtiger, als jeder krampfhafte Versuch, etwas zu erkämpfen, was nicht frei fließen kann, aus welchen bescheuerten Gründen auch immer.

Somit bin ich einfach nur dankbar dafür, dass auch ich beim nächsten Aufeinandertreffen nicht gefallen muss, sondern, dass ich sein kann, wie ich bin; frei tanzend in unserer gewohnten Leichtigkeit.

Zumindest so lange, bis Nähe beängstigend nah und Vertrauen wieder zu vertraut wird.

Kontakt:
E-Mail: info@firestormheartbeat.de
Homepage: www.firestormheartbeat.de
Facebook: www.facebook.com/firestormheartbeat/